W0348884

UNE VIE DE GOÛTS ET DE PASSIONS

www.editions-jclattes.fr

Alain Ducasse

UNE VIE DE GOÛTS ET DE PASSIONS

JC Lattès

Maquette de couverture : Le Petit Atelier.

ISBN : 978-2-7096-6876-7

© 2022, éditions Jean-Claude Lattès.
Première édition octobre 2022.

À Gwénaëlle et à nos enfants.

Sommaire

La terre et le bois 11
L'école, les écoles 43
Méditerranées 77
Paris, New York et Tokyo 113
Les manufactures 173
La Maison du peuple 199

La terre et le bois

Je suis né dans une ferme du Sud-Ouest, en Chalosse, entre l'Adour et la gave de Pau, au milieu de ces paysages vallonnés qu'on a souvent comparés à la Toscane. Je me souviens du potager, de la forêt tout autour, de notre vie modeste, d'une nourriture elle aussi très simple, à l'image de ce que la terre nous offrait.

Les légumes que nous cultivions, la façon dont ma grand-mère les cuisinait, la forêt de chênes où je me promenais avec mon grand-père menuisier et charpentier, les repas en famille tous les dimanches, les premières fraises, la salade que nous allions chercher en fin de matinée, pleine encore de la rosée du matin, son sang blanc quand on l'arrachait à la terre… J'ai tant de souvenirs.

C'est là, dans cette ferme, que sont nés mes premiers goûts, là que mes racines ont poussé. C'est mon terroir originel. D'autres terroirs, d'autres goûts sont venus s'ajouter à mes inspirations, à mes obsessions, mais cette terre des Landes a compté avant toutes les autres et continue de m'inspirer.

De cette enfance viennent deux caractéristiques fortes que l'on retrouve dans les lieux que j'aime et dans ma cuisine.

D'une part, l'importance de faire avec ce qu'on a, ce que la nature nous offre, ce dont on dispose. Chacun de nos restaurants est lié à un potager, chaque chef a un lien à la terre, aux marchés et aux producteurs et notre école à Meudon possède aussi une parcelle de plantes aromatiques, le « Jardin des saveurs ».

D'autre part, le bois de chêne. Il est présent dans tous mes restaurants en hommage aux forêts de mon enfance, à ce grand-père qui travaillait le bois et à notre nom : Ducasse, *celui qui habite au pied du chêne*. Lorsque j'ai ouvert mon auberge au Pays basque, elle s'appelait aussi Ostapé, *le dessous de la feuille de chêne*.

Ce sont les clés essentielles de mon travail.

À 11 h 30, ma grand-mère disait : qu'est-ce qu'on va manger à midi ? Elle partait vers le potager et en revenait avec des petits pois, une salade, des haricots verts, des pommes de terre. Elle ajoutait parfois un morceau de lard et un oignon nouveau à la préparation et c'est tout. On allait chez le boucher une fois par semaine et certaines semaines pas du tout. Et le dimanche elle cuisinait une volaille de la ferme.

La ferme s'est transmise de génération en génération et aujourd'hui c'est l'une de mes sœurs qui s'en occupe. Il faut imaginer la vie de labeur de mes parents, de mes grands-parents : c'est auprès d'eux, en les regardant travailler, se pencher vers la terre, s'en nourrir, cueillir les cèpes dans la forêt, faire des conserves, façonner le bois, que cette notion du travail a pris une place centrale dans ma vie.

Ma chambre était située au-dessus de la cuisine. Il n'y avait pas de hotte ou de système d'aération et les effluves se répandaient dans la maison mais surtout dans ma chambre. Davantage encore que des souvenirs des goûts de l'enfance, ce sont les odeurs qui me reviennent. Et particulièrement ces odeurs très marquées : celle du poulet rôti, celle d'un sauté de veau, celle des légumes qui cuisaient, des plats qui mijotaient. Ce sont ces odeurs qui m'ont donné envie de faire la cuisine.

Et regarder ma grand-mère cuisiner. Elle le faisait parce qu'il fallait le faire. C'était une nécessité : elle nourrissait la famille. On ne parlait pas de manger sain ou même de juste cuisson à la maison. Mais les produits étaient bons et dans le potager tout poussait. Impossible d'oublier le goût de cette salade, fraîchement coupée, de la carotte tout juste arrachée à la terre, qu'on frotte pour la croquer aussitôt, de la tomate gorgée de soleil, du petit pois ramassé et mangé cru : ce sont des goûts essentiels. Je le sais parce que j'ai grandi dans ce jardin. C'est là que j'ai découvert la bonne mesure étalon et qu'est née cette quête du goût que je poursuis toujours. Pour chaque produit, il y a l'environnement, le lieu où il se trouve, qui le cultive ou l'élève, qui le prépare. Ce sont des strates et une combinaison essentielles pour que tout ait le ton juste.

Dans nos cuisines, nous sommes avant tout des interprètes de la nature.

Nous cherchons à préserver le goût originel de chaque ingrédient. On ne va pas essayer de transformer le goût d'un navet pour qu'il ressemble à une carotte. Et on ne va pas chercher à supprimer le goût très prononcé des racines des endives. Au contraire on épluche ces racines, on les fait sécher et on met en valeur ce goût dans le plat. Autrefois on cherchait à blanchir l'endive, à enlever son amertume. Comme pour les fanes de la carotte que l'on pile. On cherche à extraire tout ce que l'on peut du légume, sans jamais dévoyer son goût originel, ce que la nature nous a donné.

Le premier légume qui m'a marqué dans le potager de ma grand-mère ce sont les petits pois. Un plant de petits pois est très bon pendant moins d'une semaine. C'est pour ça qu'il faut planter des petits pois tous les huit jours pendant quelques semaines. J'aimais et j'aime toujours goûter ces petits pois du jardin, les manger crus, comme j'aime toujours visiter les potagers, apprendre, tenir une feuille, l'écraser, la sentir, la goûter.

Je suis sûr que la Naturalité – cette cuisine qui allie des céréales, des légumes et des poissons issus de la pêche durable, que j'ai imaginée au Plaza Athénée en 2014 avec le chef Romain Meder – vient du premier potager de l'enfance, de la ferme, des producteurs rencontrés, des forêts explorées pendant des heures à toutes les saisons, en admirant les arbres, en cherchant les trésors cachés à leur pied. Les légumes n'étaient pas à la mode, ils étaient souvent mis de côté ou maltraités, et cette idée de les placer au centre des assiettes, de leur rendre leur noblesse, leur goût véritable, de ne proposer que très peu de viande, était très novatrice à l'époque. Mais pour moi, c'était déjà une passion, une valeur évidente, une proposition permanente.

Au Louis XV, en 1987, je proposais un menu entièrement végétal : Les Jardins de Provence. Et si je remonte encore plus loin je me souviens que le premier menu que j'ai imaginé à vingt-trois ans, peu après avoir été nommé chef à l'Amandier à Mougins – face à un parterre de chefs dont Jacques Maximin et Roger Vergé – était composé essentiellement de légumes extraordinaires. J'avais acheté tous les légumes que je pouvais au marché de Forville à Cannes et fait des spaghettis aux légumes, puis proposé une belle volaille fourrée sous la peau d'herbes et des petits farcis aux légumes. Je voulais préserver le goût de chaque légume dans sa tiédeur, son croquant, son onctuosité : ça devait être une explosion de nature. Même dès 1976, à Eugénie-les-Bains chez Michel Guérard, je participai à l'élaboration de son livre minceur : la première recette dont je me suis occupé c'était un gâteau de carottes fondantes au cerfeuil.

Et parmi mes plats les plus emblématiques il y a la cookpot, à la fois plat et objet, designé par Pierre Tachon, un plat qui est notre interprétation contemporaine de la marmite paysanne. Sept légumes sont mitonnés ensemble dans une cocotte en porcelaine blanche fabriquée dans le Berry par la plus ancienne marque de porcelaine à feu, Pillivuyt. Au fil des lieux et des saisons, les légumes varient mais ils restent les rois.

Dès mes premiers plats, j'ai mis en avant l'importance des légumes, des céréales, du jardin, du potager, de la terre. Il a fallu tenir bon. Ces menus n'étaient pas les plus populaires : les légumes n'étaient pas à la mode, ils ne servaient souvent qu'à décorer un plat de viandes ou de poissons. Aujourd'hui encore la Naturalité reste novatrice parce que nous la faisons évoluer chaque jour, que nous essayons d'être toujours plus exigeant.

Au Plaza Athénée, pendant des années, les recettes, souvent faites uniquement de légumes, rendaient compte de l'importance du terroir de l'enfance. Il suffit d'en reprendre les intitulés : Quinoa d'Anjou, racines, champignons aux coings sauvages, qui rappelaient les promenades en forêt au cœur de l'automne ; le maïs grand roux du Pays basque (une céréale recultivée à la fin des années 90) ; cocotte de légumes de printemps et champignons sylvestres ; kaska, petits pois et févettes, pour évoquer la fraîcheur d'un jardin à l'arrivée du printemps ; légumes des jardins du château de Versailles, truffe noire, un plat qui dépend de ce que le jardin amène au jour le jour…

Lorsque j'ai conçu la série de livres Nature en 2009, que nous avons déclinée entre les légumes, les poissons, les desserts, j'avais ce souci : proposer une cuisine nature pleine d'émotions, consommer intelligemment des produits de saisons, retrouver les goûts de la nature. Dès les premières pages je remerciai les fournisseurs avec lesquels nous travaillons parfois depuis plus de vingt ans : maraîchers, éleveurs, pêcheurs, ramasseurs de champignons, des femmes et des hommes dont j'admire le travail comme Jean-Louis Nicolaï, maraîcher dans la région d'Apt. Et j'édictai notre premier commandement :

« De la nature tu te rapprocheras, ses saisons tu respecteras. »

Ce terroir d'enfance est important et pourtant je ne suis pas du tout nostalgique de ces années ou des goûts du passé. Nos racines sont essentielles mais c'est l'empilement des strates, des expériences, des voyages, des cultures qui compte aussi beaucoup. Il faut y ajouter le travail acharné, la curiosité, le désir d'aspérité, le souci d'expérimenter d'autres terroirs et d'autres goûts. Les terroirs différents de celui des Landes, du Sud-Ouest comme les terroirs de la Méditerranée qui comptent tant pour le méditerranéen d'adoption que je suis devenu en m'installant à Moustiers, à Mougins, à Monaco, ou ceux du Japon, de la Thaïlande, de l'Amérique, m'ont fait découvrir de nouveaux goûts, de nouveaux producteurs, de nouveaux légumes. Je remercie les producteurs.

D'autres liens à la terre, à la nature se sont créés. Je me souviens ainsi de ce plat de légumes au Japon, à Kyoto plus précisément, dont chaque saveur avait été préservée. Je ne connaissais pas la moitié de ces légumes. Il y avait une juste harmonie, des justes oppositions, des structures, des températures, des tiédeurs, des assaisonnements parfaits, des goûts différents et une harmonie de couleurs comme si le chef avait voulu proposer un tableau de la nature.

La première strate, le premier terroir compte : sans nostalgie, sans volonté de le figer dans ma mémoire, mais avec le souci constant de le faire évoluer. Je sais ce que je lui dois. Il vit en moi : j'y fais référence et je le bouscule.

Je sais ce que j'ai appris de ces années, comment elles ont guidé ma vocation, les valeurs qu'elles ont fait naître et auxquelles je tiens.

J'ai commencé à cuisiner dans ma tête en parcourant les marchés des Landes, mais en France comme à travers le monde, les marchés ont été aussi mon école. Avec la même obsession partout : ce que la terre nous offre, ce que la nature permet. J'ai voulu comprendre la terre, ses produits, et j'ai fait le marché tous les jours pendant des années. J'ai beaucoup écouté toutes celles et tous ceux qui travaillent sur les marchés.

Ils en disent long sur une région, un pays, son état, ses civilisations, sa richesse, ce que mangent ceux qui l'habitent. La coloration des fruits et des légumes dit tout, révèle une terre généreuse ou aride. C'est un lien supplémentaire à la terre.

Si je n'ai pas de nostalgie, c'est aussi parce que la cuisine chaque année s'améliore et nous nous améliorons, forts de nos terroirs originels et des nouveaux que nous découvrons, de ce lien que nous renforçons chaque jour avec la nature : aujourd'hui plus qu'hier nous portons plus d'attention aux produits, aux techniques, aux cuissons. Nous affinons le trait. Est-ce qu'enfant, j'avais l'audace de dire à ma grand-mère qu'elle cuisait trop les haricots verts ou que sa blanquette aurait été meilleure, le veau plus fondant s'il avait cuit plus longtemps ? Je crois que oui, j'osais le lui dire quelquefois, mais j'ai aussi appris davantage de chacun de ses gestes en l'observant, en me taisant.

Voici une autre des valeurs que je transmets aux élèves, aux jeunes chefs : regardez longtemps, goûtez, gardez les yeux ouverts, partez, quittez votre terroir originel, revenez plus riches des autres, plus curieux, plus exigeants.

Cette cuisine de l'enfance a été ma première école : ces gestes même imparfaits, les techniques même sommaires, les produits même modestes. C'est bien plus tard que j'ai appris la précision, l'élégance, la justesse en tout mais avant, l'étape cruciale, c'était de regarder, de chercher, d'aimer.

À douze ans, je n'étais encore jamais allé dans un restaurant, mais il y avait eu cette éducation silencieuse, ces odeurs, ces goûts, le potager, la forêt, les magazines de ma mère que je lisais, comme *Cuisine et vins de France*, et tout cela a fait naître ma passion.

J'ai retenu les leçons de la ferme et du labeur de ma grand-mère : pour chaque restaurant, à chaque aventure nouvelle dans laquelle je me lance, je regarde ce que j'ai, ce que je sais, là où je suis, ce dont je peux disposer. Et je le fais avec rigueur, exigence et discipline. C'est une boîte à outils, un code de conduite que j'essaie de transmettre à tous.

Mon grand-père, lui, a façonné mon lien au bois, à ce qu'on bâtit, à ce qui dure. Ce bois que l'on retrouve dans tous mes restaurants, chez moi et à l'école : le bois d'un plafond, d'un parquet, des étagères qui soutiennent des collections d'objets, le bois des portes collectionnées avec passion. Ces portes sont lourdes, solides, travaillées avec toute la finesse de l'artisan, magnifiques. Je me souviens que mon grand-père choisissait les chênes avant de les abattre et de les mettre à sécher pour trois ans. Et qu'un jour j'ai eu envie de construire une maison : ensemble on a équarri ces bois pour la charpente. Il m'avait assuré que ces bois résisteraient à tout, qu'ils étaient faits pour durer, comme s'il m'offrait du temps et de la mémoire.

Le goût du labeur, l'importance de prendre du plaisir dans le labeur, c'est en voyant mes grands-parents et mes parents travailler que je l'ai acquis. Tant qu'on n'a pas ramassé des légumes toute la journée on ne sait pas à quel point la terre est basse, comme c'est dur. Quand je discute avec des producteurs, je n'oublie pas combien c'est difficile de faire pousser des légumes et des fruits. Cela guide également mon travail et définit l'essence de mes restaurants.

J'ai ainsi le souvenir très précis d'un producteur de fraises des bois, René, sur les collines de Nice. Un jour, il n'avait personne pour les ramasser et il m'en fallait le soir même. Il me propose de les ramasser moi-même et il laisse sa serre ouverte pour moi. C'était une serre non chauffée, les fruits étaient abrités et le soir la serre gardait la chaleur de la journée. J'ai ramassé deux kilos de fraises des bois ce jour-là et je m'en souviens encore. Depuis je n'ai plus jamais discuté du prix des fraises des bois. De même, lorsque notre producteur de beurre en Bretagne, au Ponclet, David Akpamagbo, augmente son prix cette année de 20 euros le kilo, je sais que je dois accepter parce que son beurre est le meilleur et que son travail justifie un tel prix et malgré cela, il n'a pas réussi à vivre de son artisanat d'excellence.

Avec ma grand-mère j'ai appris cette notion essentielle : le labeur qui est au-delà du travail. Elle trouvait du sens à sa vie et à son travail dans ce labeur. Elle me montrait qu'un jardin, un potager ne produisent que si l'on s'en occupe, que si on y prête attention jour et nuit. Ça a été mon éducation et ça a forgé mon caractère et je le répète à mes collaborateurs : il faut prendre du plaisir dans le labeur, même si je sais que ça a perturbé beaucoup d'entre eux qui pensaient déjà qu'ils travaillaient dur. Mais je veux les pousser plus loin.

Je sais que les jardiniers et les producteurs avec lesquels je travaille ont la même exigence, comme ce maraîcher du Val de Loire qui nous livre des légumes notamment pour Sapid. C'est un restaurant-réfectoire, une cantine, récemment ouverte à Paris et qui met en avant une cuisine naturaliste pour tous, avec des plats de légumes, des céréales et très peu de protéines : ces légumes qu'il nous livre, il ne faut pas y toucher, juste enlever un peu la terre, les cuire, les goûter.

Le potager de ma grand-mère, le goût que j'ai développé ensuite pour les légumes, la Naturalité, ce qu'elle a représenté et ce qu'elle représente aujourd'hui m'ont toujours donné envie de raconter l'histoire des légumes pour offrir à tous, chefs, élèves, clients, les clés pour les apprécier.

Dans le même esprit, j'ai toujours voulu faire ce lien de la terre à l'assiette, un lien qui me semblait évident à la ferme sans qu'on ait eu besoin de le dire, de le mettre en avant. Mais ce lien s'est perdu et j'aime l'idée que nos restaurants, nos chefs, qui ont chacun leur terroir, leur sensibilité, le restaurent.

Sapid est peut-être aujourd'hui le lieu qui réunit le plus ces obsessions, ce terroir, l'importance de la nature et des bois. Il y a la couleur rouille de la façade, le parquet de chêne. Au mur un torchis, de la terre crue naturelle de Beauvais, et autour des tables, qui sont les tables du réfectoire du lycée Lakanal à Sceaux, des bancs en noyer qui ont près de soixante-dix ans. Au mur j'ai aussi placé des aquarelles qui ont toujours été dans mon bureau : elles savent dire l'amour que nous avons pour le végétal. Je les ai toujours aimées. Elles me semblent dire mieux que nous notre travail : elles capturent l'image de la nature comme nous espérons en capturer le goût.

C'est là aussi, dans le chantier du restaurant, peu avant son ouverture, que j'avais invité une quinzaine des producteurs avec qui je travaille pour qu'ils se rencontrent, qu'ils allient leurs forces, qu'ils comprennent notre démarche, que nos liens se renforcent encore, qu'ils grandissent avec nous.

Je me souviens de ce que je leur ai dit : que la terre compte, que dans mes valeurs l'une des plus importantes est de savoir d'où l'on vient, qu'ils ne sont pas de « petits producteurs » mais qu'ils ont vocation à occuper une place centrale, à grandir et pas à grossir. L'un d'eux m'avait répondu alors avec beaucoup d'humour parce qu'il est petit : « Moi je sais pourquoi je n'ai pas grandi : c'est pour rester plus près de mes carottes. » J'avais ri : cela dit tellement la modestie, l'attachement à la terre, au produit.

C'est à Sapid que je veux, encore davantage que dans tous mes restaurants, lier le producteur, le cultivateur, le maraîcher, l'agriculteur, l'artisan de la mer, le chef (chez Sapid, c'est la cheffe péruvienne Marvic Medina Matos, formée à la Naturalité durant trois ans au Plaza Athénée) et ceux qui viennent déjeuner ou dîner.

Avec chaque producteur, chaque femme et homme de la terre, j'entretiens une histoire particulière. Je les connais et je sais leur passion, leur exigence. Nos histoires sont liées depuis longtemps.

Ainsi, en 1999, dans le livre *Rencontres savoureuses, petit traité de l'excellence française*, j'avais fait une sorte de tour de France des producteurs de grande qualité. Ces rencontres, nos discussions, leurs histoires m'avaient marqué et j'avais voulu leur rendre hommage, conscient que certains se saignaient à blanc pour survivre, faisaient mille sacrifices par passion, mais qu'ils incarnaient un art de vivre, leur terre, leur produit.

La première rencontre c'était dans le Périgord avec Henri Dessolas, un spécialiste de la truffe. Il était né dans une ferme près de Saint-Front-d'Alemps au début des années 30. Il m'avait raconté le travail à la ferme, les rituels, les champs, les forêts, les semailles et la moisson. Je l'avais écouté avec émotion en pensant que j'avais connu une enfance proche de la sienne. Toutes les rencontres avaient ensuite été placées sous le signe de cette émotion…

Dans le même esprit qui m'animait lors de ces *rencontres savoureuses* ou pendant notre déjeuner chez Sapid, ces derniers mois je me suis rapproché de l'école Hectar, une ferme expérimentale à 1 h 30 de Paris et qui a pour vocation de former des paysans, de montrer à de jeunes paysans comment ils peuvent vivre, mieux produire en syndicalisant leurs activités. J'y ai emmené le chef Romain Meder en pensant que ce lieu pourrait être pour nous un enracinement supplémentaire, un terroir évident et que l'on pourrait proposer des déjeuners uniquement avec les produits de cette ferme.

J'insiste aussi pour que les élèves de l'École Ducasse à Meudon comprennent cette importance de l'ancrage, de la terre, de la saisonnalité des produits, des circuits courts, qu'ils rencontrent les producteurs lors de visites à la ferme. Et petit clin d'œil à l'enfance, aux lieux importants, le restaurant ouvert dans cette école à Meudon s'appelle Adour et le réfectoire Chalosse.

C'est, à travers le monde, ce que je répète à chaque chef, à chaque élève : il faut proposer sa terre. Y compris dans ce qu'elle a de plus dur, de plus aride, de plus exigeant. Parce que c'est à partir de cette terre, de ces terroirs que naît le sentiment, la singularité. Il faut incarner son terroir sans esprit passéiste ou nostalgique, mais au contraire de façon contemporaine avec les techniques et le regard des hommes aujourd'hui.

Il y a quelques années un journaliste me demandait quel légume était mon préféré : « Si vous étiez un légume, lequel choisiriez-vous ? » Le cèpe, avais-je répondu. Il ne peut pas pousser sans les arbres, il se cache sous les fougères et les feuilles mortes, il a besoin d'un temps humide et doux, du soleil de juillet, des averses orageuses d'août. Il raconte mon enfance, les heures de cueillette avec mon grand-père. Le cèpe me lie à la terre et au bois, à la joie simple de les découvrir puis de les cuisiner. J'aime qu'ils soient sauvages, qu'on ne les maîtrise pas, qu'ils poussent comme ils veulent, qu'il faille les chercher, les espérer, qu'ils dépendent des saisons.

Je pourrai faire la même réponse aujourd'hui.

Quand j'étais enfant, je m'imaginais cuisinier, architecte ou aventurier. Je répondais aussi parfois que je deviendrais chauffeur de car pour voyager, voir le monde.

Je ne suis pas loin de mes rêves d'enfants : je voyage souvent, je fais des plans, j'imagine des plats et des lieux. Je suis comme un directeur artistique : j'accompagne, je goûte, je transmets, je pousse en avant de jeunes chefs en leur transmettant ce que j'ai appris et j'apprends toujours. J'essaie de porter des histoires, une vision et mes convictions. Dans nos restaurants, nos boutiques, dans les livres, les encyclopédies que je publie, dans les écoles… Tout est lié par le même désir : nourrir, enseigner, transmettre, chercher, partager les nourritures terrestres.

Il y a des fils rouges tissés dès l'enfance, au plus près de la terre et des bois, évoqués dans ces premières pages et dans celles qui suivent.

Ce n'est pas un livre de mémoires, pas un livre de recettes, mais une autre façon de partager l'émotion d'une table, d'un plat, d'un goût, de fixer l'intangible, de raconter une histoire, de composer des bonheurs éphémères et qu'ils se gravent en nous.

Tout évolue, tout bouge, tout est mouvement dans un monde de plus en plus cacophonique. Et lorsque ça l'est trop, je me réfugie dans le silence, la solitude, chez moi dans le Sud-Ouest, près des terres de mon enfance dans une maison ouverte sur la nature, près des bois, d'un feu, en écoutant le bruit de l'eau. Quelques jours. Avant que tout reparte très vite, avant de découvrir un goût, un lieu que je ne connais pas, d'apprendre encore, de raconter d'autres histoires, d'imaginer les défis des prochaines années, de bousculer mes habitudes qui sont toujours mauvaises, de tout remettre en question pour continuer à chercher encore.

L'école, les écoles

En novembre 2020, le centre de formation que nous avions créé en 1999 à Argenteuil a déménagé sur un vaste campus à Meudon. L'école est née au cœur de la crise du covid avec ce pari osé : accueillir sur un vaste site plus de quatre cents élèves de toutes nationalités, proposer des cours s'adressant à de jeunes diplômés qui viennent se former en trois ans ou à des hommes et des femmes, passionnés, en reconversion professionnelle, curieux, cherchant un savoir, des valeurs, des gestes.

J'ai voulu que sur ce site, tout proche de la forêt, dans ces bâtiments lumineux, ouverts, chaque cuisine, chaque laboratoire, chaque salle de cours porte un nom emblématique. C'est celui d'une cheffe, d'un chef que j'aime et qui m'ont transmis leur savoir, celui d'une jeune cheffe ou d'un jeune chef que nous avons formé et dont le travail m'inspire, dont la personnalité, la sensibilité sont des références. C'est aussi le nom de lieux importants qui sont mes terroirs, mes références, nos ancrages.

C'est à Meudon, dans notre école, que ce métier de transmettre que nous portons depuis plus de vingt ans trouve tout son sens : il fallait un centre d'excellence, un lieu incroyable, une école de cuisine la plus avancée en termes de technologies culinaires, d'outils, neuf laboratoires de cuisine, de pâtisserie, de boulangerie, de chocolaterie, de glacerie, des professeurs magnifiques, pour transmettre ce que nous sommes, nos connaissances, notre histoire et que la mission d'apprendre, de former, de transmettre, des gestes, des techniques, des goûts soit là mise en valeur, portée au plus haut degré d'exigence.

Je pense souvent à ces élèves aux soixante-dix nationalités apprenant dans les cuisines Alain Chapel, Michel Guérard, Anne-Sophie Pic, Guy Savoy, Dominique Crenn, dans les laboratoires Patrick Castagna, Cédric Grolet, Claire Heitzler, Jessica Préalpato, dans les salles de cours Naturalité, Juan-les-Pins, Moustiers-Sainte-Marie, New York, Tokyo, Monaco, Mionnay, dans la bibliothèque Yves Thuriès, dans les salles de dégustation Dom Pérignon et Jacques Maximin. Je pense à ce qu'ils perçoivent des maîtres, des villes et des villages cités, à leur curiosité, leur attachement futur à ces références, à ce qu'ils comprennent aussi de mon histoire et de ce que j'aimerai leur transmettre.

Les cuisiniers, les chefs sont des passeurs : nous sommes tous à la fois des héritiers, des maîtres et des élèves. Nous ne cessons jamais d'apprendre. Et pour moi, comme pour les plus jeunes, l'école est un lieu déterminant. Il faut savoir s'y former et il faut savoir en sortir et se former partout ailleurs et à tous les instants.

Je me souviens de ce que disait mon maître Alain Chapel : « La cuisine est avant toute chose un esprit et pas seulement des recettes. »

C'est un état d'esprit culinaire. Il y a des valeurs, des savoirs, des techniques, des gestes évidents que les élèves doivent apprendre, sur lesquels on ne peut pas tricher. Soit on sait, soit on ne sait pas faire : une stricte sélection du produit, une juste préparation, un juste assaisonnement, une juste cuisson, une juste réduction. C'est une boîte à outils, comme un solfège, qui permet de faire des recettes et de savoir cuire, réduire, assaisonner, dresser ; faire un fumet, un jus, un suc ; préparer un poisson...

Les élèves doivent acquérir une maîtrise qui est une liberté.

C'est un déclic, comme je l'ai eu moi-même chez Alain Chapel.

Enfant, j'étais à l'école de la ferme et les cours silencieux de ma grand-mère, les effluves de sa cuisine, les magazines de ma mère ont été précieux dans mon apprentissage. À douze ans je n'étais encore allé dans aucun restaurant, je n'avais aucune formation et si j'avais prêté main forte dans la cuisine familiale, c'était de façon très occasionnelle, pour les fêtes. J'ai le souvenir d'une bûche au chocolat : de bons blancs d'œufs, du bon chocolat, un biscuit roulé bien cuit qui ne casse pas. Ce fut peut-être ma première réalisation. Est-ce que tout ça peut décider d'une vocation ? Est-ce que tout ça peut pousser un adolescent à dire avec toute la force de sa volonté : c'est ce que je veux faire et c'est ce que je ferai, je serai cuisinier ?

Je ne peux pas expliquer à cet âge pourquoi je l'annonce à ma mère, pourquoi j'en suis convaincu, mais je me souviens de ma détermination et de la désapprobation de mes parents qui espéraient que je reprenne la ferme ou que je fasse de longues études.

C'est la première décision que je prends. Elle sera suivie par de nombreuses autres, fruits d'une ou deux nuits de réflexion, décisions que je prends seul et auxquelles je me tiens fermement. Ceux qui m'entourent les connaissent bien : je les appelle « mes décisions du matin ». Elles permettent de choisir, de trancher, de surmonter une épreuve, de tourner une page, d'aller de l'avant, toujours.

Pendant les vacances de Noël ma mère me place dans un routier. Je crois qu'elle espère secrètement me dégoûter et que je renonce à la cuisine. C'est très dur, et par esprit de contradiction et aussi pour prouver à tous que je tiens, que je suis fait pour être chef, je prétends que ça me plaît et même j'y retourne à Pâques.

Le routier n'existe plus aujourd'hui. Il était proche de Mont-de-Marsan. Il avait toutes les caractéristiques du restaurant de bord de route : le buffet, le grand parking, le froid, la dureté et la rigueur du travail. Il fallait tout faire : je me souviens de jours entiers passés à plumer des volailles dans la cour. Ou à faire des crêpes sans m'arrêter pendant des heures. C'était ingrat, répétitif : les gestes, les tâches, les consignes se ressemblaient et pourtant j'apprends à tenir, à ne pas me plaindre, à abattre le travail qu'on m'a confié. Et surtout j'ai l'espoir que ça ne sera pas toujours comme ça, qu'il y aura bientôt d'autres maîtres, d'autres gestes, que ma mère convaincue par ma ténacité me laissera faire.

Après le routier je fais un stage au Pavillon Landais sur les berges du lac de Soustons. Lui aussi est fermé aujourd'hui. Mais lorsque je m'y rends, il a une étoile. C'est un autre monde que le routier : un lieu historique, inauguré en 1934, accueillant des personnalités politiques, des artistes. Le stage ne dure que quelques semaines, le temps de me donner envie de faire davantage, d'apprendre vraiment.

J'entre au lycée hôtelier de Talence avec cette ambition : je voudrais apprendre vite, me nourrir de tous les apprentissages, de tous les gestes. Aujourd'hui je peux dire que ce ne sont pas les années les plus heureuses : j'apprends mais pas assez vite, pas assez bien. Ce n'est pas spécifique à mon métier et c'est une leçon que j'ai retenue lorsque j'ai ouvert notre première école : on n'apprend pas assez dans les écoles par rapport au temps qu'on y passe et c'est souvent hors des écoles qu'on rencontre ses maîtres. C'est cette relation-là que nous essayons d'établir entre les élèves et les professeurs, ce lien, cet enrichissement d'expériences diverses, cette acquisition d'un sentiment, d'une manière d'appréhender le métier. Ces maîtres j'en aurai quatre et je tirerai de leurs enseignements un appétit, une curiosité, une rigueur, une passion toujours renouvelée :

Michel Guérard, Alain Chapel, Roger Vergé, Gaston Lenôtre.

Je quitte le lycée avant mon diplôme au grand dam de mes professeurs et j'entre chez Michel Guérard en 1975 à Eugénie-les-Bains. Il y est installé depuis un an. C'est le début de ce qu'on a appelé la nouvelle cuisine portée par Paul Bocuse, les frères Troisgros, Alain Chapel, Paul Haeberlin, Jacques Pic...

Michel Guérard incarne cette créativité, cette liberté nouvelle, cette interprétation très différente de la cuisine codifiée par Escoffier. Son *Mémoire de la cuisine française* est passionnant. Il avait acheté en 1965 un bistrot à Asnières-sur-Seine, Le Pot-au-feu et il décroche une première étoile en 1967 et une deuxième en 1971 en créant des plats emblématiques, comme la salade folle, en posant là les bases de la nouvelle cuisine. Lorsqu'il s'installe avec sa femme Christine dans la station thermale d'Eugénie-les-Bains, il se donne un nouveau défi : la cuisine minceur.

Je commence comme jeune commis : je travaille au restaurant mais je participe aussi à l'élaboration de ce livre qui fera date : *La Grande Cuisine minceur* en 1976. Deux ans plus tard, il publiera *La Cuisine gourmande*. Il m'associe aussi à son partenariat avec Findus de Nestlé. Je m'occupe en particulier de la recette du « Pithiviers feuilleté mousse de cresson et beurre blanc » : il n'est plus dans les rayons aujourd'hui mais il l'a été pendant vingt ans.

J'apprends dans toutes ces directions : la cuisine minceur, gourmande, les livres, le partenariat avec l'industrie, qui était une première pour un grand chef.

Michel Guérard m'apprend à goûter, à créer. Son parcours de meilleur ouvrier de France en pâtisserie, chef pâtissier à l'hôtel de Crillon puis au Lido, devenu cuisinier, obtenant trois étoiles, est révélateur de son ouverture d'esprit, de son appétit, de sa curiosité : il essaye tout, il ose tout.

Je passe mes étés avec lui et l'hiver je vais à Paris travailler chez Lenôtre.

La rencontre avec Gaston Lenôtre est déterminante. Il était venu quelques jours à Eugénie-les-Bains. Je voulais savoir tout faire et profiter de son passage pour qu'il m'apprenne à faire des croissants. Un matin, il vient en cuisine à 7 heures et il m'apprend. Je n'oublie pas la leçon.

À Paris, je passe par tous les postes : la viennoiserie, la charcuterie, les glaces, le chocolat… Je découvre un panel de métiers et d'un excellent niveau. Je suis élève et très vite je deviens aussi l'assistant d'un professeur. Certains me marquent plus que d'autres : M. Rey notamment et M. Poney, qui venait d'une école suisse de référence en pâtisserie, la Coba. Je préparais les cours et je regardais. Je travaillais tout le temps : le week-end j'étais à la production et les autres jours à l'école. Je prenais beaucoup de notes, je regardais tout avec avidité : ce que je ne maîtrisais pas, je rêvais de l'acquérir. J'y rencontre Pierre Hermé pour la première fois en 1976 : j'étais commis aux glaces et il arrivait comme apprenti. Il y avait aussi Yves Thuriès qui avait dix ans de plus que moi et qui suivait des cours à l'école de pâtisserie. C'est là aussi que je rencontre le chef chocolatier Michel

Chaudun et avec lui j'hésite à me tourner surtout vers le chocolat, mais je me rends compte qu'il m'enivre trop, que j'en suis trop imprégné. C'est la cuisine qui me plaît le plus, mais je veux que ma palette de savoirs, de connaissances, de techniques, d'artisanats soit la plus large possible.

C'est dans cet apprentissage ouvert, généreux, multiple, qu'on retrouve l'enjeu de notre école aujourd'hui et des métiers auxquels nous formons. Mais c'est là surtout que se forge un état d'esprit qui ne me quitte pas : je veux apprendre ce que je ne sais pas faire auprès des meilleurs maîtres et je veux maîtriser tous les gestes et tous les postes pour pouvoir plus tard y apporter ma vision, bousculer les codes, faire dialoguer les métiers, affiner le trait.

Plus tard dans mes restaurants comme au Louis XV, il y aura un atelier pour le pain, un autre pour le chocolat et plus tard encore j'imaginerai les manufactures : de chocolat, de glaces, de cafés, de biscuits. Dans le même esprit, j'ai ouvert rue des Petits-Champs à Paris en novembre 2021 un salon rassemblant ces manufactures. Et je suis convaincu que l'idée est née là pendant ces années d'apprentissage entre Eugénie-les-Bains et Paris, entre Michel Guérard et Gaston Lenôtre, des années studieuses, des années comme un laboratoire de tout ce que je ferai ensuite.

La troisième étape fondamentale de cet apprentissage c'est la découverte de la Méditerranée au Moulin de Mougins chez Roger Vergé qui avait trois étoiles. Il avait un grand sens de la transmission et il a formé de nombreux chefs. C'est chez lui que je comprends vraiment l'organisation d'une cuisine. Et surtout que l'histoire passionnelle avec la Méditerranée, ses terroirs, ses produits commence. C'est là que ce socle fondamental de ma cuisine, de mes inspirations vient s'ajouter à mon terroir originel des Landes : j'arpente les marchés, je sillonne les chemins blancs de Provence, je découvre les producteurs les plus extraordinaires et ces produits magnifiques : l'huile d'olive, l'ail d'Orient, l'artichaut perpétuel, l'aubergine blanche, la courgette « grisette de Provence », la pomme de terre à chair jaune de Manosque… Je retrouverai plus tard Roger Vergé et ma patrie d'adoption lorsqu'il me proposera une place de chef à l'Amandier à Mougins en 1980.

Entretemps il y a eu la rencontre déterminante avec Alain Chapel.

Lorsque j'étais à Eugénie-les-Bains, avec deux autres copains cuisiniers, nous avions traversé la France un jour pour dîner dans son restaurant à Mionnay. Il y avait presque mille kilomètres de trajet, des heures de voiture et à l'arrivée un repas mémorable : je me souviens notamment d'une cocotte de grive parfaite, étonnante, loin de ce qu'on pouvait attendre d'une cuisine de gibier. C'était une cuisine de terre que je n'avais encore jamais goûtée. Mais surtout flotte en moi une question, un doute, une incertitude passionnante, le début d'une quête : je ne sais pas faire ce que je viens de manger. Je me souviens de la promesse que je me fais à moi-même sur le chemin du retour : un jour j'irai travailler, apprendre avec lui.

Lorsque je travaille à Mougins avec Roger Vergé, un article sur Alain Chapel vient me rappeler cette promesse : il a quarante ans, il est une référence dans le métier, il a déjà ses trois étoiles et cet article est rare parce qu'il n'aime pas la médiatisation, que c'est un homme discret, ce qui lui confère une aura encore plus belle. Je pose un congé, je prends ma petite voiture, une Ami 8, et après plusieurs centaines de kilomètres je me gare devant son restaurant. Je l'aperçois : il rentrait du marché, il portait une brassée de fleurs et je me souviens encore de sa première question, directe, franche autant que ma réponse : « Tu veux quoi ? – Travailler avec vous. » On se quitte en s'étant mis d'accord sur la date : je commencerai quelques semaines plus tard, un 2 novembre, je m'en souviens parfaitement.

C'était un tel homme. Chez lui je découvre la justesse du geste. La maison était habitée dans les moindres détails par sa personnalité et son regard : il y avait le goût juste, le ton juste, l'harmonie parfaite entre le contenu et le contenant. Il avait une précision exemplaire en tout et il la transmettait : j'apprends avec lui la juste cuisson, la juste réduction, le juste assaisonnement, l'élégance de tout le reste.

Chaque jour en plus du restaurant, je fais à manger à Alain Chapel et à sa mère. Vers 10 heures, il venait me trouver et il me disait ce qu'il voulait que je leur prépare : une côte de veau, une fricassée, un rognon de veau… Il déjeune et après il me fait ses commentaires. Avec lui je comprends qu'il n'y a pas de demi-mesure : soit c'est excellent, soit c'est raté, le plat tombe juste ou à côté et je découvre combien c'est difficile d'acquérir cette justesse, que c'est un point précis d'acidité, d'assaisonnement, de température, de cuisson. C'est maîtriser l'instant, c'est très fragile et c'est cela cuisiner : trouver le point précis où le plat est parfait. Avec mes plats, ça n'était pas toujours parfait et quand ça l'était, Alain Chapel était économe dans ses félicitations : « Alain, c'est bien », c'était le summum.

Ces mois comptent tant parce qu'ils concentrent tous les apprentissages : ceux de la cuisine, ceux d'un homme qui veille sur tout avec une telle élégance, ceux d'une vie à côté difficile dans un minuscule appartement à Fontaine-sur-Saône, mal chauffé, sans eau chaude, où les canalisations gelaient l'hiver, où je comptais chaque dépense, ceux des relations parfois brutales, en cuisine avec les chefs, la compétition, les rivalités. Un matin j'avais pris une de mes fameuses décisions qui devaient dessiner un virage nouveau dans ma vie : j'étais si mal payé que mon salaire ne me permettait pas de régler l'essence entre mon appartement et le restaurant à trente, quarante kilomètres de là. Je m'étais dit : s'il ne m'augmente pas, je m'en vais et je quitte le métier. Il m'a augmenté et je suis resté.

Des félicitations du chef Alain Chapel pour un plat maîtrisé qui me rendaient heureux aux jours tristes où je me sentais capable de tout laisser tomber : c'est aussi cela un apprentissage et tous les élèves connaissent ces extrêmes, la joie et le découragement et au bout du travail, la passion qui reste, qui l'emporte sur tout le reste.

Avec Alain Chapel, j'acquiers un sentiment de maîtrise précieux et libérateur : je connais les codes et dans le même temps je me sens libéré de la règle. Je peux proposer ma propre cuisine et ne plus faire celle des autres. Et je peux partir.

En repensant à ces années, c'est peut-être là que j'apprends une leçon essentielle, aujourd'hui inscrite dans le carnet de valeurs que nous offrons à tous ceux qui travaillent avec nous : ne pas craindre et entreprendre.

Michel Guérard, Gaston Lenôtre, Roger Vergé, Alain Chapel, ils représentent presque sept années. C'est un long chemin, l'apprentissage. Il est fait de tant de rencontres, de leçons, il demande tant de travail, de curiosité, d'appétit, de ténacité et il ne s'arrête pas. On ne cesse pas d'apprendre une fois parvenu à ce niveau de maîtrise, tout reste encore à proposer, à construire, à définir, à corriger sans cesse, à bousculer. Mais cette étape de la maîtrise est importante et c'est ce que nous cherchons à transmettre dans nos écoles.

Lorsque j'arrive à Paris pour prendre la succession de Joël Robuchon en 1996 avenue Raymond Poincaré, j'emmène avec moi plusieurs collaborateurs dont

Patrick Ogheard qui était chef de partie au garde-manger au Louis XV. Sa femme Véronique qui était mon assistante me confie que son mari se sent fatigué, qu'il veut faire autre chose, enseigner notamment. J'y pensais depuis longtemps : je cherchais l'occasion, le déclic, la bonne personne. Et c'est ainsi que l'école d'Argenteuil naît en 1999. On écrit les contenus pédagogiques, les bases de notre école rêvée et on commence par créer une classe puis deux puis cinq. Dès lors faire école, enseigner, transmettre, dispenser tous nos savoirs dans tous les domaines devient une question centrale pour moi. Après cette première école de cuisine, je reprends en 1987 l'École nationale supérieure de pâtisserie à Yssingeaux, en Haute-Loire, qui connaissait des difficultés. Je demande à Yves Thuriès, qui après ses années d'école chez Gaston Lenôtre à Paris était devenu un maître, un expert et un passeur à travers son *Livre de Recettes d'un Compagnon du Tour de France* de rejoindre l'aventure et il accepte et l'école fondée en 1984 redevient une référence pour les professionnels de la pâtisserie, boulangerie, chocolaterie, confiserie et glacerie.

Depuis, et jusqu'à l'ouverture récente de notre Campus à Meudon, je n'ai cessé de vouloir faire école au sens le plus large possible : pour ceux qui viennent se former, dans nos écoles en France, en mettant en avant de jeunes chefs dans chaque restaurant, en étant pour eux un passeur et un mentor, en créant une maison d'édition et en publiant des livres qui portent nos valeurs, notre regard, notre curiosité, en créant des écoles à l'étranger : l'une à Manille et l'autre au Brésil, en établissant des partenariats avec des villes comme Sarcelles et en formant des femmes dans le cadre d'un CAP, première pierre du projet

Femmes en avenir... Toutes ces initiatives me semblent placées sous la même exigence : transmettre.

Rien ne doit se garder : le savoir se partage et ce n'est qu'en l'offrant que l'on continue à l'enrichir de nouveaux goûts, de nouveaux gestes. Les écoles ne sont pas des lieux figés et froids : je cherche à protéger des techniques et des goûts, surtout s'ils se perdent, mais en continuant à expérimenter, à oser. Il faut écrire l'histoire de la cuisine pour qu'elle ne s'oublie pas et continuer à la faire évoluer sans cesse. En cela nos écoles sont autant des musées que des laboratoires.

Lorsque je découvre le Japon, ce sont de nouveaux arts culinaires, de nouveaux goûts qui viennent s'ajouter à mes références. Je sais en toute humilité que je n'ai pas le temps d'apprendre, de faire mien ces terroirs, ces produits, mais je peux essayer de les comprendre, de m'en imprégner, de m'en inspirer. Je ne crois pas qu'on sache ce qu'est l'amer tant qu'on n'a pas goûté ce poisson, le ayu, qui se pêche à Kyoto et que notre chef propose dans notre restaurant au printemps. On le goûte et on mange l'amertume. Je ne crois pas non plus qu'on sache ce qu'est le cru et si on l'aime si on n'a pas mangé du foie de faon cru tempéré comme j'en ai mangé chez un chef de Kyoto. Tout est neuf : le goût et la consistance. C'est au Japon que j'ai découvert le mortier à picots que nous avons intégré à nos cuisines et qui change tout dans les préparations. Et c'est là aussi que je découvre la cinquième saveur, après le sucré, le salé, l'amer et l'acide : l'*umami* que l'on peut traduire par « savoureux ».

On apprend tous les jours de cette palette infinie de goûts et de savoirs.

On peut perpétuer ces traditions et puis aussi les transformer, les enrichir, les dévoyer. Voilà ce que je répète aux chefs que je mets en avant aujourd'hui et aux élèves de nos écoles. Il faut se concentrer sur ce qu'on sait faire, son terroir, son histoire tout en restant curieux, en observant et en allant chercher le monde pour subir des influences nouvelles, les retenir et s'enrichir d'un savoir nouveau.

Cette année, j'ai pris une résolution, un virage qui est déterminant pour moi et pour le groupe : je veux pousser une génération de trentenaires doués et les mettre aux plus hauts postes. En cela l'équipe magnifique du Meurice est à l'image de cette révolution, de ce passage de relais, de ce que je veux entreprendre avec ces jeunes : Olivier Bikao est passé au Plaza Athénée et il dirige le restaurant, Amaury Bouhours est le chef, formé au Louis XV et au Plaza Athénée, Gabriel Veissaire, le chef sommelier qui a aussi travaillé au Louis XV, et Cédric Grolet, le chef pâtissier qui a fait ses armes dans notre école de pâtisserie d'Yssingeaux. Mais il n'y a pas qu'au Meurice que cette jeune génération peut faire la preuve de son talent : aux Lyonnais il y a la cheffe Marie-Victorine Manoa et en salle Gabrielle Aguilo qui partira bientôt pour une nouvelle aventure au sein de notre entreprise, chez Allard la cheffe Charlotte Bringant et au Louis XV à Monaco le chef Emmanuel Pilon qui avait travaillé au Plaza Athénée et le sommelier Maxime Pastor qui lui aussi était passé par le Plaza Athénée. Il y a aussi Sandro Micheli, chef pâtissier au Louis XV depuis dix-sept ans et qui avant était chef pâtissier pour notre restaurant de New York et Claire Sonnet, directrice de salle depuis deux, trois ans et qui avant travaillait au Plaza Athénée...

Je reste celui qui porte la vision, les orientations et les changements, mais ce sont eux que je veux pousser, chacun avec leur histoire qui les lie à la nôtre souvent depuis de longues années mais avec une sensibilité, une curiosité et une ténacité uniques. C'est maintenant qu'il faut reconnaître leurs talents. La Nouvelle cuisine était une évolution tranquille, un mouvement nécessaire, presque évident. Il fallait faire évoluer cette cuisine trop codifiée. Mais là, avec cette génération nouvelle, il y a presque plus de personnalité, de créativité. La rupture est plus nette et le risque est grand que l'on passe à côté de ces talents et de cette révolution, que les critiques ne la comprennent pas, que les émissions de télévision ne la repèrent pas. Il faut savoir la reconnaître, l'écrire, la mettre en avant.

Je pousse ces jeunes, je les forme, je suis à leurs côtés et en même temps je me libère : je ne veux pas continuer à faire croire que je suis à la même place qu'avant. Dans ce rôle nouveau, je suis beaucoup plus utile.

Ainsi, il y a nos écoles et tous ceux que nous formons qui font école à leur tour dans leurs restaurants par leur identité et leurs audaces. Et il y a ce lien unique entre moi et ces jeunes pour apprendre toujours, pousser plus loin notre exigence, notre passion. Il y a quelques années j'avais pensé à une autre manière de faire école : j'avais proposé à Valéry Giscard d'Estaing, en charge à ce moment-là de la rénovation de l'hôtel de la Marine, place de la Concorde à Paris, de racheter tous les écrits concernant l'alimentation, la gastronomie, tout ce qui concerne l'aliment, « l'individu en tant qu'il se nourrit » pour reprendre les mots de Brillat Savarin. Et on aurait rendu tous ces écrits si précieux accessibles partout dans le monde et pour tout le monde, consultables sur place ou numérisés. La France aurait détenu le savoir-faire écrit de la gastronomie mondiale. Ce lieu, ces archives rassemblées, cette façon de transmettre notre histoire, tout cela était un rêve pour moi. Je ne le verrai sans doute pas se réaliser, mais ça ne m'empêche pas de continuer à chercher d'autres façons de transmettre, de comprendre ceux qui nous ont précédés pour mieux montrer ce que nous faisons, de donner un sens à tout cela en continuant à créer.

J'ai un nouveau projet à la Maison du peuple à Clichy, ce bâtiment historique construit à la fin des années 1930 par Charles Auffray alors maire de Clichy. Ce haut lieu industriel, monument d'acier et de métal magnifique, conçu par Jean Prouvé, Eugène Beaudouin, Marcel Lods et l'ingénieur Vladimir Bodiansky, avait été classé en 1983, rénové entre 2000 et 2005 puis laissé à l'abandon. On va s'inscrire dans cette histoire et tout rassembler : nos machines, nos manufactures, notre siège. Cette maison va aussi devenir un centre culinaire mondial tourné vers le végétal et vers le durable. Je dis souvent qu'une cuisine doit être bonne à penser avant d'être bonne à manger. Il y aura un restaurant, un atelier et un chef étranger accueilli en résidence qui viendra se former aux savoir-faire français et qui cuisinera aussi avec nous : il nous obligera à apprendre aussi, à être curieux, vivants.

Cette maison serait comme un centre de réflexion et un laboratoire, dans le prolongement de l'école à Meudon : il y aurait des échanges avec nos écoles, nos chefs, un musée vivant avec tous les ustensiles de cuisson pour se former, apprendre d'autres techniques.

Ce projet, c'est une nouvelle façon de « faire école », en apprenant du passé, des autres et en ne se contentant pas de faire, mais en pensant notre cuisine et surtout en éditant la cuisine de demain.

Méditerranées

En exergue de mon premier livre *La Riviera d'Alain Ducasse*, j'avais choisi une citation de l'écrivain Predrag Matvejevitch et de son *Bréviaire méditerranéen* : « Il est possible, indépendamment du lieu où l'on est né et où l'on vit, de devenir méditerranéen. » Cette phrase résonnait tant en moi.

Je suis un Méditerranéen d'adoption. J'ai découvert ces terroirs, cette terre, ces paysages au fil des ans, à Mougins d'abord puis à Juan-les-Pins et surtout à Monaco lorsque je suis devenu chef du Louis XV à l'hôtel de Paris le 27 mai 1987 : c'est là, dans ce lieu emblématique, qui est pour moi un ancrage essentiel, sur ce rocher qui fascine, trait d'union entre la Côte d'Azur et la Riviera dei Fiori, entre l'arrière-pays niçois et l'arrière-pays ligure, que j'ai posé les fondements, les grands actes de ma cuisine. J'ai sillonné en voiture, à moto, à pied, la côte, l'arrière-pays niçois, la Ligurie. Je me suis imprégné des odeurs, des saveurs de ces terroirs. Les paysages traversés, les hommes et les femmes rencontrés, les marchés parcourus inlassablement, les archives retrouvées des recettes méditerranéennes, adaptées, travaillées encore et encore : tout cela a formé en moi un socle, une référence permanente, une identité s'ajoutant si bien au terroir de mon enfance.

Je suis depuis longtemps sous le charme de la Méditerranée. En quittant Mougins pour le restaurant d'Alain Chapel au cœur des Dombes dans la région lyonnaise, je savais qu'un jour je reviendrais vers ces paysages, ces goûts, ces femmes et ces hommes, que c'était un détour important mais que mon histoire s'ancrerait dans le Sud.

Quand je décide de quitter Alain Chapel, c'est irrévocable, comme toutes mes décisions du matin, nées de longues réflexions pendant la nuit ou mes décisions de l'instant : je veux partir, m'éloigner, m'émanciper aussi de la belle tutelle du maître et je choisis un petit village à Aston Clinton entre Londres et Oxford, dans la campagne anglaise la plus typique. Le restaurant s'appelait le Bell Inn. J'étais second en cuisine et installé là depuis quelques semaines lorsque Roger Vergé, qui a inventé au

Moulin et à l'Amandier à Mougins la « cuisine du soleil », m'appelle un vendredi soir et me propose la place de chef au restaurant l'Amandier. Il me laisse dix minutes pour réfléchir et le rappeler. Je choisis aussitôt de dire oui et sans attendre je rassemble mes affaires et prends la route à 3 heures du matin avec mon Ami 8. Par le ferry, j'arrive à Calais et je fais juste un détour dans les Landes pour voir ma grand-mère avant de me présenter à 8 heures le lundi matin à l'Amandier.

C'est la première fois que je suis chef et qu'on me confie ainsi les clés d'un restaurant. Je sais que grâce à mes maîtres, j'ai acquis la maîtrise qui peut me permettre d'exprimer une sensibilité, une identité particulière et je sais que ce terroir méditerranéen, associé à celui du Sud-Ouest, peut me permettre d'exprimer mes thèmes les plus chers, ce qui deviendra des constantes, un trait commun, un fil reliant chaque plat, chaque recette, chaque restaurant.

Quelques jours après mon arrivée, Roger Vergé réunit pour une photographie emblématique sur un pointu au large de Cannes les grands chefs de la Méditerranée : il tient la barre et à ses côtés il y a Jo Rostang, de la Bonne Auberge à Antibes, Louis Outhier de L'Oasis à Mandelieu, Jacques Maximin au Negresco dans son restaurant Le Chanteclerc, Gérard Ferri à Eze, Jean-François Issautier... les grands étoilés et des jeunes prodiges. Je n'avais que vingt-trois ans et pour mission, après la photographie et le reportage de Jacques-Louis Delpal, de cuisiner pour ces grands chefs. C'est là que j'imagine une place particulière pour les légumes : des spaghettis aux légumes, puis une volaille des landes fourrée sous la peau d'herbes, et des petits farcis aux légumes. Je savais que je voulais préserver le goût de chaque légume de ces terroirs méditerranéens et les offrir dans leur tiédeur, leur onctuosité, leur croquant. C'était une explosion de nature et mon premier vrai repas de chef. Jacques Maximin, que je rencontrais pour la première fois à cette occasion, était venu me retrouver ensuite, m'encourageant, et il glissa un mot à Roger Vergé : « Il ira loin. » C'était mon baptême méditerranéen en quelque sorte.

Je ne reste qu'un an à L'Amandier de Mougins. Le restaurant marchait très bien mais je me sentais limité, je voulais faire moins de couverts, élever le niveau encore. Je descends à Juan-les-Pins et prends la direction du restaurant La Terrasse à l'hôtel Juana où je reste sept ans. Je redessine les cuisines. Je les voulais lumineuses, carrelées de blanc, équipées pour pratiquer tous les modes de cuisson, et j'obtiens deux étoiles. C'est là que je rencontre pour la première fois Frédérick E. Grasser en mai 1981. Elle le raconte dans son livre *La Cuisinière du cuisinier* : elle vient dîner à la Terrasse plusieurs fois et décide de jouer les espionnes pour me rencontrer. Au marché de Forville, où je me rends tous les matins, elle me suit et m'aborde : elle veut entrer dans les cuisines, écouter, observer. Je finis après de nombreux refus par accepter. Elle n'y travaillera pas, ni là ni au Louis XV, parce qu'elle se rend compte qu'elle n'est pas à sa place dans une brigade, mais ce sera le début d'une amitié précieuse et d'une longue collaboration. C'est une chercheuse, d'adresses, de produits, de recettes et aujourd'hui elle me fait toujours découvrir des trésors comme lorsqu'elle m'amène à Paris dans le XXe arrondissement découvrir un boulanger unique, Maxime Bussy, formé auprès de paysans boulangers, qui ouvre sa boulangerie Le Bricheton quelques heures par jour et quelques jours par semaine. Il pétrit à la main avec un levain naturel de blés anciens. Cette rencontre et tant d'autres, je les dois à Frédérick et je n'oublie pas nos débuts à Juan-les-Pins puis à Monaco.

C'est là aussi que j'arpente les marchés, les routes de la côte et de l'arrière-pays, que je découvre ces goûts profondément méditerranéens qui deviennent des références comme ce Saint-Pierre de 800 grammes à un kilo pêché près du cap Martin ou ce rouget pêché sur les fonds rocheux le matin, parfaitement cuit, avec un filet d'huile d'olive, du citron de Menton, des tomates, des olives taggiasche et qui a la chair la plus délicate au monde. Sa taille, son côté nacré, sa couleur, sa tendreté, tout en fait une œuvre et nulle part au monde on ne peut le manger comme là.

Je n'ai pas encore trente ans quand je rencontre le prince Rainier de Monaco pour la première fois grâce à l'entremise de Michel Pastor et de Jacques Seydoux de Clausonne. Le prince Rainier cherchait un chef pour le Louis XV et les deux hommes lui avaient soufflé mon nom. Après un long entretien au palais, je ne sais pas encore ce que je peux lui proposer. Qu'est-ce que je vais faire qu'ils n'ont pas déjà à Monaco ? J'écris dix-sept pages pour présenter ce que j'imagine, ma vision. Il y a cette ambition : avoir trois étoiles, mais surtout faire de ce lieu un laboratoire, un socle, une ancre, poser là toutes les bases, toutes les envies, toutes les obsessions, que le Louis XV devienne une référence mais dans une perpétuelle quête.

C'est là que je veux concentrer mes méditerranées.

Dans ces dix-sept pages, je développe déjà l'idée d'un menu entièrement légumes et j'ose une association que je reproduirai ensuite : les légumes et du lard. « Lard de nos paysans et beaux morceaux mijotés en cocotte de fonte. » J'ajoute que les clients du Louis XV n'en auront jamais mangé. Je crois que l'apparente simplicité et ce qui préfigure déjà la naturalité, tout cela plaît au prince Rainier. Je veux proposer une cuisine méditerranéenne dans sa rusticité, une cuisine de paysan dans un écrin lumineux. Je n'ai pas gardé ces dix-sept pages mais je pose les fondements de ce qu'on fait encore aujourd'hui. À l'attention portée aux produits et producteurs de la Méditerranée, j'associe comme un clin d'œil, une référence de cœur, les produits de mon terroir originel : poulettes des

Landes, côtes de bœuf de Chalosse, foie gras de Castelsarrasin… comme une manière d'unir ce qui compte le plus pour moi.

Je deviens chef du Louis XV, mais aussi responsable de toutes les cuisines de l'Hôtel de Paris, du Grill au dernier étage à la Salle Empire réservée aux réceptions. En sous-sol, près de soixante-dix hommes et femmes travaillent chaque jour dans les cuisines que nous avons redessinées et où je me suis créé un bureau-salle à manger qui me permet d'observer, d'écrire, de goûter et où j'avais pendant longtemps sous les yeux la phrase du danseur Jean Babilée qui m'avait tant marqué, comme un rappel à l'ordre : « Penser monter sur scène et se prendre pour un génie, c'est l'assurance de passer pour un imbécile. »

Dans ces cuisines si belles, il y a tous les postes : boulangerie, pâtisserie, chocolaterie, glacerie, poissonnerie avec un vivier d'eau de mer, boucherie… Je désire avoir une vision d'ensemble de nos métiers et la maîtrise la plus poussée possible. Cela préfigure aussi mon goût pour les manufactures que je développerai des années plus tard en créant une manufacture de chocolat, de café, de glace, de biscuit…

Je commence à travailler à Monaco le 1er octobre 1986 et nous ouvrons le 27 mai 1987. C'est aux commandes du Louis XV que je peux expérimenter mon rôle de chef, porteur d'une vision, d'une trajectoire, soucieux de faire école, poussant les jeunes chefs que je veux mettre en avant. C'est là que se noue ma relation si forte, essentielle avec Franck Cerutti. Il avait démarré avec Jacques Maximin au Negresco et à Florence à l'Enoteca Pinchiorri, mais dès 1980 il me rejoint à l'hôtel Juana à Juan-les-Pins : c'est le premier homme que j'engage en arrivant dans ce restaurant. Il me suit à Monaco puis il œuvre au Don Camillo, son restaurant familial à Nice avant de prendre la tête de la brigade du Louis XV en 1996. Depuis 2007 et avant de partir à la retraite il était le chef exécutif de tous les restaurants de l'Hôtel de Paris. Jean-François Piège a dix-huit ans quand il arrive à Monaco et il prend sa place dans les cuisines tout de suite. Hélène Darroze fait elle aussi ses premières armes dans les cuisines du Louis XV... Tant de chefs sont passés par ces cuisines et pour certains elles sont devenues une école, une maison. Dominique Lory, qui était aux commandes depuis 2011 après être passé au Plaza Athénée, vient de prendre la suite de Franck Cerutti comme chef exécutif de l'Hôtel de Paris. Cela fait plus de vingt ans que l'on travaille ensemble. Avec de nombreux chefs et salariés, ce sont des histoires longues que nous tissons. Comme avec Jeannot, plongeur et vaisselier toute sa carrière, qui commence avec moi à Mougins et qui m'a suivi jusqu'au Louis XV et jusqu'à sa retraite en 2015 : il était parfait, irremplaçable dans ses fonctions, dans sa manière d'honorer son métier.

Une photographie à laquelle je suis attachée et que j'ai placée dans le livre *La Riviera*, a réuni ma première équipe et mes plus anciens collaborateurs avec lesquels nous avons obtenu les trois étoiles du Michelin en 1990, trente-trois mois après avoir pris la direction du Louis XV : il y avait Jeannot bien sûr, Benoit Peeters, le maître d'hôtel, Sylvain Portay, mon second, Frédéric Robert, le chef pâtissier, Georges-Marie Gérini, le directeur de la salle, Mario Muratore, chef du garde-manger, Frédéric Roemer, le sommelier adjoint et Jean-Pierre Rous, le maître sommelier, Bruno Caironi, chef du Grill et Patrick Roy, le boulanger.

Année après année, il fallait créer une ligne, une cohésion entre les collaborateurs, faire école peu importe le temps qu'ils restent dans les cuisines, que ce passage les marque, les imprègne. Je réfléchis au moindre détail : de la façon dont les serveurs se déplacent dans la salle, comme une danse, avec une élégance qui s'apprend (j'engage un chorégraphe qui enseigne l'art d'entrer en salle comme on entre en scène pour faire en sorte que le service soit rendu mais de façon aérienne, légère, sans être trop présent), à la répartition des tâches de chacun en cuisine. Ainsi, chaque jeudi matin j'avais pris l'habitude de déplacer les collaborateurs entre les postes : poisson, viande, entremet, garde-manger… pour accroître l'énergie de chacun et ne pas créer d'habitude (synonyme pour moi de mauvaise habitude), permettre les remises en question, les questionnements. Des déplacements d'équipes et d'hommes que j'opérerai des années plus tard, à l'échelle du monde entre tous nos restaurants.

C'est à Monaco aussi que j'initie quelques années après mon arrivée un comité des chefs : une réunion régulière pour leur permettre de mieux travailler ensemble, de continuer à créer. Je leur demande aussi de repérer deux jeunes talents et de les suivre. Et puis c'est là que j'apprends la leçon du rugbyman Daniel Herrero qui me semble si vraie : « Parfois il faut se séparer d'un homme formidable mais qui ne porte pas l'équipe. »

Monaco, le Louis XV, ces équipes de femmes et d'hommes passionnés, c'est une école pour moi qui veut accompagner chacun, qui veut veiller à transmettre toujours, à créer, en laissant tout en mouvement. Au fil des ans, des étoiles, des nouveaux défis, ce lieu est devenu mon ancrage essentiel, ma référence permanente, mon ancre. Le prince Albert de Monaco est aujourd'hui un soutien indéfectible de ce que nous faisons : à travers le monde il me raconte souvent retrouver des chefs qui se sont formés au Louis XV, qui diffusent partout la cuisine de la Méditerranée. Et il ajoute que souvent, dans les restaurants de ces chefs, il a alors davantage le sentiment d'être reçu avec la plus grande attention…

Dès 1987, nous posons les fondements d'une cuisine méditerranéenne, nous travaillons à son histoire et à sa révolution permanente, son *aggiornamento*.

Je me souviens de ces premiers menus du Louis XV où j'avais inscrit ces mots au dos : « Nous avons le privilège grâce à d'authentiques maraîchers, éleveurs, paysans, bouchers, pêcheurs et ramasseurs de champignons d'avoir les meilleurs produits que nous traitons avec tout le respect qu'ils méritent. Ainsi chaque plat a son histoire et chaque producteur, éleveur, maraîcher… sa raison de poursuivre sa recherche dans le beau. »

C'est au Louis XV, dans cet écrin luxueux, que je veux mettre en valeurs les producteurs, les éleveurs, tous ceux qui font, qui travaillent la terre, qui connaissent le labeur et le prix juste de leurs efforts et de leur passion. Dans cette région bordant la Méditerranée, je fais la connaissance de ces hommes et femmes avec lesquels je tisse une relation unique : René Schmid sur les hauteurs de Nice, Jean-Louis Ruggieri qui, au marché du cours Saleya, déployait une banderole « Le producteur vrai », Pierre et Édith Poussou, producteurs de la Sainte-Catherine, une huile d'olive fameuse, André et Gérard Rinaldi, les derniers pêcheurs de Monaco…

Ces rencontres, ces hommes et femmes, les paysages qui les composent, je veux les mettre en avant dans mon premier livre, *La Riviera d'Alain Ducasse*, publié en 1992, juste après l'obtention des trois étoiles. C'est un livre qui a une place à part : comme un manifeste, la somme de tout ce qui compte et va compter.

Claude Lebey était venu me voir quelques années auparavant : il voulait que j'écrive un livre pour sa collection de chefs et l'idée ne me plaisait pas. Je savais ce que je voulais : un très beau livre et je savais avec qui je voulais travailler : Jean-Louis Bloch-Lainé, photographe de grand talent, Yann Pennor's, graphiste et designer et mon amie Marianne Comolli qui était journaliste et auteure et dont je connaissais la grande sensibilité, son regard, son écriture. Ce trio fera date dans l'histoire des livres culinaires.

Je passe du temps avec chacun. Je me souviens du travail de Jean-Louis, si délicat, si précis : comment photographier une polenta sans que ça ne ressemble à une chose informe ? Lui a ce talent, ce geste : il saisit la fumée, comme il saisit la translucidité de la morue. Il sait photographier ces produits qui sont pour moi essentiels : les olives taggiasche à Imperia, juste avant la cueillette, les bouquets d'asperges sauvages qui poussent en bordure des bois, la figue « bellone » si fondante, la fleur de fenouil qui pousse à Courmes et qui répand partout son odeur anisée, la soupe de légumes au pistou ou celle de cosses de petits pois, de févettes et de fanes de radis, la tourte pasqualine de Mama Lena, Elena Muratore, la mère de Mario Muratore, chef du garde-manger du Louis XV...

Avec Jean-Louis, nous avons sillonné la Côte d'Azur, la Riviera dei Fiori et les arrière-pays. Il saisit les lieux qui me sont si chers : la vieille ville de San Remo, Thorene et les forêts domaniales tout autour, le Paillon de Contes, le col de Braus, le col d'Eze, les gorges du Loup qui traversent Villeneuve-Loubet et son musée de l'Art culinaire installé dans la maison natale d'Auguste Escoffier, les roches rouges du cap Mortola, la vallée des merveilles...

Nous avons arpenté Pigna en Ligurie, ce village en pierres que j'aime tant, au-dessus du Val de Nervia et c'est là qu'il a pris une photographie qui compte : je suis assis et derrière moi on peut lire ces mots écrits sur le mur : *la resistanza continua.* Pour moi, c'est comme un mot d'ordre, un rappel permanent : la résistance continue, il faut se battre, chercher toujours, ne s'arrêter jamais.

Marianne était là, elle a accompagné ces pérégrinations et a saisi dans son introduction, dans les légendes, dans sa présentation des recettes et de l'histoire de chaque plat ce qui compte tant. Tout cela fait de ce livre un ouvrage important, précieux à mes yeux, comme un journal de mes goûts et de mes paysages, des hommes et femmes qui me sont chers et comme une mémoire de ce que nous avons entrepris depuis quelques années.

Plusieurs livres complèteront cette vision que je proposais dès 1992. Je publie ainsi *Méditerranées, cuisine de l'essentiel* quelques années plus tard où je rappelle ce qui me lie à ces lieux. Le livre avait été pensé et réalisé avec Frédérick E. Grasser. Je voulais qu'il soit fait pour celles et ceux qui cuisinent tous les jours, qu'ils puissent suivre chaque étape des plats emblématiques, comme les dix commandements du risotto par exemple. J'écrivais : « Nice, Naples, Tanger, Barcelone… Voyageur curieux autour de cette mer presque close, j'ai rapporté de mes périples gourmands les saveurs mêlées de toutes les côtes. » C'était une nouvelle occasion de rappeler toutes mes influences méditerranéennes par les hommes, les lieux, les produits : les cromesquis à l'ail de Jacques Maximin découverts au Chanteclerc du Negresco, l'artichaut violet de Venise que m'avait fait découvrir Reine Sammut dans son restaurant La Fenière à Lourmarin, l'aubergine blanche que j'achetais au marché de Forville, une scarpaccia de courgettes goûtée dans un petit restaurant du nord de la Toscane dont j'ai oublié le nom, mes haricots préférés qui poussent à Pigna et ceux qui poussent à Figaret, les petits pois dits « téléphone » cultivés par des paysans près de Vintimille...

Ces pages et ces recettes étaient l'occasion d'inscrire ces terroirs, de mettre à l'honneur ces producteurs et ces chefs, de compléter sans cesse, d'enrichir ma mémoire de la Méditerranée.

Quelques années plus tard, en 2004, un autre livre auquel je tiens beaucoup rend compte de cette passion méditerranéenne, de cette référence permanente et de notre quête pour l'enrichir, la faire évoluer : c'est *Le Grand Livre de cuisine – Méditerranée*, le 4e tome de la série des Grands Livres. Il présentait plus de cinq cents recettes, trouvées, expliquées grâce à un travail fabuleux d'une dizaine d'historiens, coordonnées par Oscar Caballero, des plats emblématiques photographiés par Thomas Duval sur des plaques thermoformées. Thomas avait fait une grande recherche sur les couleurs et les lumières du Sud.

Le livre élargissait l'horizon méditerranéen de *La Riviera* ou de *La Cuisine de l'essentiel* en traversant l'histoire culinaire de six pays de la Méditerranée occidentale, en inventoriant les recettes fondatrices. Il ne s'agissait plus seulement de la France et de l'Italie, mais de découvrir des pays qui ont en partage des terroirs, des goûts communs.

La publication de ces livres compte parmi les dates importantes qui m'unissent à la Méditerranée. Mais il y a eu des événements qui ont permis de sceller notre lien, d'enrichir cette histoire. Parmi ceux-là, nos vingt-cinq ans au Louis XV en 2012 ont eu un rôle majeur. Cet anniversaire était l'occasion de réunir les grands talents de la cuisine française et internationale pendant trois jours à Monaco. Il y avait 240 chefs, 300 étoiles, de tous les continents. Nous avions installé un marché éphémère des produits de la Méditerranée, mis en avant nos 25 meilleurs producteurs et éleveurs et 14 chefs avaient cuisiné pour cette occasion ces produits magnifiques. Et puis Frank Cerruti, Dominique Lory et moi nous avions proposé un dîner de gala. Il s'agissait de célébrer ce qui avait été fait, la passion des producteurs et des cuisiniers et de faire découvrir les recettes et les produits à tous ces chefs, de continuer à créer, à être des passeurs.

Les paysages traversés et où je me sens chez moi, les femmes et les hommes rencontrés à chaque voyage, les livres, les fêtes qui, plus qu'un moment de célébration, permettent de penser à l'avenir, les recettes inventoriées, transmises, affinées, précisées, les leçons quotidiennes de ce terroir exigeant, tout cela fait de la Méditerranée une quête perpétuelle. Cette cuisine est essentielle pour moi parce qu'elle ne tient rien pour acquis. Ainsi elle est un modèle : il faut conserver ce que nous savons faire, préserver notre ADN mais il faut aussi s'ouvrir à d'autres influences, explorer d'autres terroirs. C'est un des mots que je préfère et que mes collaborateurs connaissent bien : l'*aggiornamento*. La remise à jour permanente.

J'ai d'autres ports en Méditerranée que le Louis XV. L'un où je suis allé tous les mois pendant dix ans avant que nous nous retirions pour d'autres aventures. L'autre qui a été et qui reste ma maison de cœur transformée en auberge en 1995.

Je me suis associé pendant dix ans de 2004 à 2014 à Vittorio Moretti, un grand vigneron italien, qui fait sans doute le meilleur vin à la manière champenoise et nous avions ouvert la Trattoria Toscana, un restaurant dans l'ancienne propriété de chasse des ducs de Toscane, à Castiglione della Pescaia, un domaine magnifique situé entre Pise et Rome dans la Toscane maritime, la Maremma que j'aime tant, une région communiste avec un ancrage si fort des habitants à leur terre. Il y avait en particulier cette allée extraordinaire d'un kilomètre bordée de cyprès, de pins, de vignes et d'oliviers qui menait à la maison de maître et qui lui a donné son nom, L'Andana. Notre chef Christophe Martin proposait une cuisine fabuleuse de terre et de mer, une cuisine tellurique, enracinée. Ce terroir fermé me fascinait et comme tous ceux très ancrés dans leurs traditions il avait su protéger l'ADN originel des produits. Ainsi, pendant dix ans j'y suis allé et j'ai ainsi sillonné en voiture la Toscane, la Ligurie, l'Ombrie, la Campagnie, pas la totalité de l'Italie comme je l'aurais voulu mais une grande partie.

Et puis il y a la Bastide de Moustiers, mon refuge, ma maison de cœur. C'est une maison incarnée, qui me ressemble, à tel point qu'une histoire circule entre mes collaborateurs : si on veut vraiment me connaître, il faut aller à la Bastide. J'ai choisi chaque objet, imaginé chaque chambre et le jardin. Mais je ne pouvais pas la garder pour moi : il me semblait que je n'avais pas assez le temps d'y aller, alors en 1995 après des mois de travaux nous l'avons ouverte au public.

Je découvre la région pour la première fois en 1977 alors que je travaille à l'Amandier à Mougins. Je sillonnais la Haute-Provence à moto et j'arrive par la route des gorges du Verdon. C'est un éblouissement. Je traverse le village, parcours les routes blanches où je me perdrai si souvent après, le plateau où poussent la lavande, le blé, des coquelicots, de la sauge et des immortelles et ce qui me frappe alors c'est évidemment la beauté de ces lieux mais aussi les senteurs : ce sont des routes avec des odeurs inoubliables.

Dix ans plus tard, je retourne dans la région. Je suis au Louis XV et, cette fois non plus à moto mais en 4x4, je parcours la région dès que je le peux. La maison appartenait à un paysan puis à un maître faïencier de Moustiers. Je l'achète en 1994 et pendant deux ans nous faisons de grands travaux en respectant la bastide principale qui s'appelait La Grisolière. On est allé chercher les pierres sur le plateau pour la rénover, et pour le choix des couleurs, qui a évolué au fur et à mesure des années, on s'est inspirés du bleu – la couleur fétiche de la faïence de

Moustiers et la couleur de la lavande – et du rose, correspondant à la lumière sur les roches de Moustiers et aussi à cette teinte si particulière des murs peints à la chaux. C'est Jean Mus, le grand architecte paysagiste, qui a imaginé le jardin au pied de la falaise et du village. Il y a un potager, un jardin de simples, un pré, deux ânes…

Chaque objet dans les chambres, les salons, le restaurant a été chiné, choisi avec soin comme pour une maison de famille. Il y a ces fameuses portes en chêne et en noyer, rares, puissantes, dont je fais collection comme les très belles malles de voyage. Et dans la salle du restaurant une collection de laques japonaises, des assiettes Lalique cerclées d'argent qui datent de 1920, des aquarelles, des assiettes en porcelaine de Jean Luce, des assiettes d'un bateau qui a coulé, des illustrations de Tonia

Peyrot, une amie décoratrice, et sur les tables des lanternes contemporaines de style japonais. Je connais l'histoire de chaque objet, là où je l'ai trouvé et j'aime les placer et les déplacer dans cette maison dont j'ai confié les clés à Sarah Chailan, qui a commencé là comme apprentie et qui aujourd'hui est la maîtresse de maison parfaite.

Les chefs qui se sont succédé à la Bastide connaissent l'exigence et les particularités de cette maison. Je me souviens de la première : Sonja Lee. Elle avait fait le siège de mon bureau à l'Hôtel de Paris et elle m'avait dit : « Tant que vous ne m'aurez pas engagée, je ne sortirai pas d'ici ! » Ça avait marché ! Il y a eu Benoit Witz, Christophe Martin, chef de la Trattoria en Toscane qui a dirigé les cuisines de la Bastide pendant cinq ans, de 2012 à 2017, Vincent Maillard et Éric Santalucia et aussi Frédéric Garnier, Thomas

Chambraud et aujourd'hui Adrien de Grigny. Cette maison aussi est une école et il est fréquent que les cuisiniers passés par le Louis XV viennent à la Bastide et inversement. Ils traversent le temps, la région, les atmosphères différentes, ils apprennent et se renouvellent.

Ici, à la Bastide, le temps ne s'écoule pas de la même manière, s'instaure un autre rapport avec les hommes et les produits, au milieu de cette nature superbe. Je savoure chaque instant, c'est un refuge qui me permet de réfléchir à tout ce que je veux faire, aux projets nombreux, de mieux repartir.

C'est peut-être dans cette maison que j'ai répété le plus à ceux qui y travaillent cette phrase à laquelle je crois beaucoup : bien faire ou mal faire, ça prend le même temps. Alors autant bien faire, le mieux possible et choisir toujours le chemin le plus difficile.

C'est la grande leçon apprise par cette maison, cette terre et toutes les Méditerranées.

Paris, New York et Tokyo

Un jour de février 1990, je suis au restaurant La Belle Époque de l'Hotel Okura à Tokyo. Je participe à la semaine de la gastronomie et j'en profite pour découvrir le Japon, ce pays qui comptera tant pour moi ensuite : cette année-là, c'est trop tôt pour tenter de comprendre ce que je vois, ce que je perçois et ce que je goûte. Je me laisse porter par mes intuitions, et je sens que pour aimer pleinement ce qui m'entoure, il me faut être initié, guidé, y retourner souvent. Mais déjà en 1990 je suis frappé par la justesse de la gastronomie japonaise, la justesse du goût, du ton, l'harmonie entre le contenu et le contenant et je me promets de revenir pour que ce premier charme se transforme en passion.

Ce jour-là de février, mon assistante de Monaco m'appelle : c'est le Guide Michelin qui veut me joindre et qui m'annonce les trois étoiles pour le Louis XV. Cinq ans auparavant, sur ce même téléphone, c'est Joël Robuchon qu'ils avaient appelé pour ces mêmes trois étoiles. Il faut croire que ce téléphone et ce lieu avaient quelque chose de magique.

Je peux me souvenir de ma joie, de ce sentiment d'avoir réussi, d'être parvenu à atteindre l'objectif que je m'étais fixé et que j'avais promis au prince Rainier trente-trois mois auparavant et que je m'étais promis à moi-même des années encore avant. Mais ce qui l'emporte sur la joie, la fête, les promesses tenues, dès que je raccroche, ce sont ces questions : et maintenant ? Et après ?

Je ne suis pas certain d'avoir tout de suite les réponses, mais je sais que je vais les chercher avec avidité, que c'est cette étape d'après qui m'intéresse à présent. C'est au Japon, loin de Monaco, dans ce pays que je ne comprends pas mais qui me fascine déjà que cette interrogation devient cruciale et que les débuts d'une réponse se posent en moi : je veux faire ce que je n'ai encore jamais fait, aller là où je ne suis jamais allé, goûter ce que je ne connais pas, je veux entreprendre davantage, même si je dois échouer ou me tromper. Et c'est sans doute là qu'émerge cette certitude que je porte en moi depuis des années et qui va devenir ma ligne de conduite, une sorte de code, de commandement personnel absolu : il ne faut jamais s'arrêter de créer, de comprendre, de faire des choses nouvelles sinon on régresse.

Comment se sont forgés cette quête, cet appétit, ce désir de déranger jusqu'à moi-même ? Il y a tant de réponses possibles : mon caractère, mon éducation, les paysages de mon enfance, l'endurance et la force de mes modèles, cette passion de faire, mes années d'apprentissage. Et il y a ces épreuves traversées et face auxquelles j'ai l'habitude d'opposer un rire, une distance, une leçon : si on peut faire sans, c'est mieux, mais puisque c'est arrivé, autant faire bien et mieux avec les accidents et les coups. Tous les face-à-face avec la mort, tous les instants de survie, tout ce qui nous rappelle que le temps file, que tout est incertain et fragile et qu'à cette fragilité, cette incertitude il faut opposer un travail, une volonté, des actes, des gestes, des mots, des goûts, des lieux, des sentiments, des décisions qui peuvent rester.

Il y a eu un coup de couteau dans les cuisines d'Alain Chapel, une histoire de jalousie et de rivalité comme il y en a souvent, qui heureusement s'est bien terminée et qui dit tout de l'intensité des émotions dans les cuisines, de la passion et de l'émulation qui y règnent.

Il y a eu un accident de moto sur le bord de mer à Antibes alors que je rejoignais l'hôtel Juana et son restaurant à Juan-les-Pins où j'étais le chef. Je roulais vite, un fil de fer s'est mis dans ma roue et je me suis retrouvé sur la plage au milieu des galets. La semaine d'après je vendais ma moto et décidais de ne plus jamais en faire.

Et puis il y a eu un accident d'avion le 9 août 1984, ce crash dont j'ai pendant longtemps refusé de parler. Nous relions la Côte à Courchevel. La météo était subitement devenue très mauvaise et il y a eu une succession de mauvaises décisions, d'erreurs humaines : partir, rebrousser chemin, continuer malgré l'orage d'été, se tromper de points de repère… Quelques secondes avant le crash j'ai compris, grâce aux cours de pilotage que j'avais pris, que nous allions nous écraser et je me suis recroquevillé sur mon siège : c'est peut-être cet instinct qui m'a sauvé la vie. La chance, le hasard, le destin. J'ai été le seul survivant. Tout a basculé. Il a fallu faire avec le deuil, les souvenirs, la douleur. Pendant les longs mois d'hospitalisation, d'opérations et de rééducation qui ont suivi, j'ai découvert que le seul vrai problème c'est l'incapacité physique et intellectuelle, lorsqu'on n'est plus autonome par rapport aux autres et à la société. Pour tous les autres problèmes il y a des solutions.

Après l'accident j'ai vécu sans cette autonomie, sans savoir si je pourrais remarcher un jour, revoir un jour. Je n'ai jamais été aussi seul. Mais puisque j'ai dû faire avec, alors j'ai beaucoup appris de cette épreuve : elle a décuplé ma sensibilité, ma curiosité, mon désir de découvrir, de sentir, de rencontrer des gens pour toujours continuer à apprendre. Et après des mois et des années où ça m'a semblé impossible, un matin, j'ai pris la décision de reprendre l'avion. De ne jamais être empêché par la peur. J'ai repris l'avion, et pas une fois par an mais parfois deux, trois fois par semaine.

Pendant ces mois à l'hôpital, j'ai dû apprendre à vivre différemment. Il fallait continuer à diriger le restaurant à Juan-les-Pins qui venait de recevoir deux étoiles. Je ne pouvais plus faire le marché comme je le faisais tous les jours alors j'ai dû donner des consignes strictes pour que d'autres puissent le faire. Comme je ne pouvais plus cuisiner, j'ai écrit, d'abord dans ma tête puis sur le papier, toutes mes recettes, scrupuleusement, pour qu'elles puissent être réalisées par d'autres. Je ne pouvais que goûter et compter sur ma mémoire, mes souvenirs, mes idées, ce que j'étais aussi capable d'enseigner, de transmettre. C'est sans doute là que j'ai appris à vraiment déléguer, à compter sur l'enseignement, le savoir que je pouvais transmettre, ce que les autres pouvaient reproduire et créer à leur tour. Ça a changé radicalement ma manière de vivre bien sûr, mais aussi ma manière d'envisager le métier, de cuisiner. J'ai compris que je ne voulais pas être le chef d'un seul restaurant et le rester année après année, mais que j'avais les ressources, l'expérience et le désir d'inventer ma manière d'être chef.

Six ans après l'accident, j'obtenais trois étoiles. Est-ce que j'ai pensé à l'accident au moment de cet appel au Japon ? Est-ce que cet accident et ce qu'il a changé, ce qu'il m'a appris, ont eu une influence sur ce que je voulais entreprendre après ? Je suis sûr que oui.

Il a fallu du temps pour trouver les réponses à ces questions : et après ? Et maintenant ? Chaque chose accomplie appelait un autre défi, un autre projet. Et c'est encore le cas aujourd'hui. Et certainement : lorsque je n'aurai plus l'énergie, la volonté de trouver des réponses, il faudra que j'arrête et que je passe à autre chose.

Une des premières réponses est venue d'un coup de téléphone de Joël Robuchon en 1996. On discute et il me dit juste avant de raccrocher qu'il pense s'arrêter bientôt et qu'il cherche quelqu'un pour le remplacer. Je me souviens lui avoir dit : « Oui. – Oui quoi ? a-t-il répondu. – Oui pour prendre ta suite. »

Souvent j'ai pris de grandes décisions pendant un coup de fil, avant même de raccrocher, dans l'élan de l'instant, et parfois comme pour Joël avant même que l'autre ne formule sa question. Pour remplacer Robuchon il fallait un peu de cette folie et de cette inconscience.

Je reprends le restaurant du 59 avenue Raymond-Poincaré début août 1996. C'est un défi, une maison difficile sur cinq niveaux, c'est Paris, une ville que je ne connais pas bien, c'est l'héritage d'un maître admiré. Joël y avait développé une haute cuisine française, sophistiquée, pointilliste, ciselée et pour réussir il fallait me placer à la suite de cet héritage et aussi me démarquer, apporter à ces lieux, aux plats ma sensibilité.

Et écrire une histoire comme avait pu le faire Robuchon. Je me souviens de plats emblématiques, différents à l'époque (comme ce lard et ces pommes de terre, plat si simple en apparence et qui ressemblait à une déclaration d'intention ou une provocation), et de la volonté pour raconter ce que nous voulions proposer, de les rassembler dans un beau livre qui ferait date.

Ce *Grand Livre de cuisine* préfacé par Jean-François Revel, coordonné par Jean-François Piège que je connaissais depuis ses dix-huit ans, et auquel ont participé Didier Elena, Franck Cerutti, Patrick Ogheard et Benoit Witz, est sorti en 2001 et il nous a permis de présenter plus de sept cents recettes, notre perception, notre conception d'une haute cuisine française. La rencontre avec l'académicien Jean-François Revel m'a marqué : on déjeunait régulièrement ensemble, il n'était pas rare qu'on prenne deux bouteilles et lorsque le maître d'hôtel venait lui proposer un « petit digestif », Jean-François Revel s'emportait et j'aimais cet emportement : « Pourquoi petit ! Petit en qualité ? Petit en quantité ? Amenez-moi le meilleur et je me servirai ! » C'était un appétit, une culture, un savoir magnifique. Il me disait qu'il n'écrivait bien qu'après avoir bien mangé et bien bu. Je n'ai pas rencontré beaucoup d'hommes tels que lui et je n'ai pas oublié la leçon : « Pourquoi petit ?! Jamais petit ! Je déteste le mot petit ! »

En arrivant à Paris, j'étais attendu au tournant. Il était loin le temps de la chambre de bonne au métro Michel-Ange – Molitor que je quittais tous les matins à 3 heures pour rejoindre Lenôtre, où je vivais sur mes maigres économies, puisque je n'étais pas payé, et où je me nourrissais de bananes.

Paris m'apparaissait, vue de l'avenue Poincaré, comme un rêve et une page blanche. Claude Lebey, journaliste à *L'Express* et que j'avais rencontré chez Michel Guérard, était venu me voir deux mois après ma reprise du restaurant. Il m'avait dit qu'il pensait que je repartirais bientôt là d'où j'étais venu, que je n'aurais pas le temps de m'installer, qu'il ne savait pas ce que j'étais venu chercher à Paris, que je n'avais pas le niveau. Je lui avais demandé si je pouvais compter sur lui pour m'aider et il m'avait répondu : « On verra. » Je l'ai remercié et je lui ai dit que je me passerai de lui alors. Des mois plus tard nous nous étions revus et puisque j'étais toujours là il s'était presque excusé : « Je me suis trompé, mais je ne me trompe pas souvent. »

Ces doutes accompagneront presque chacune de mes entreprises : lorsque j'ouvrirai des restaurants aux États-Unis, à Londres, au Japon, lorsque je me lancerai dans l'aventure des manufactures, toujours ce qui l'emportera au début ce seront ces réserves ou ces critiques, parfois franches, parfois violentes. J'inventerai une sorte de maxime face à ces oppositions : « On peut aussi ne rien faire » ou plutôt : « C'est toujours plus facile de ne rien faire. » Si je n'aime pas ces oppositions, je sais aussi qu'elles me nourrissent, qu'elles aussi me font apprendre plus vite, qu'elles viennent parfois me détourner d'une voie mauvaise ou au contraire qu'elles confortent ma détermination, mes certitudes et que je peux même aller plus loin encore, par réaction, dans la direction pointée par ces critiques : si c'est trop dérangeant, déranger encore davantage, si c'est trop amer, renforcer cette amertume, si c'est trop cher, augmenter encore les prix. Parce qu'il n'y a pas de hasard et que tout s'explique et se raconte et s'inscrit dans une histoire.

La genèse de ce *Grand Livre de cuisine* compte aussi dans ces années où tout n'est que défi : c'est pour pouvoir publier cette somme, cette encyclopédie, que je crée ma maison d'édition. Les éditeurs que j'étais allé voir pour leur proposer le projet avaient tous jugé le pari impossible : trop cher, trop monumental, trop fou, qui cela pouvait-il intéresser ? C'était un travail colossal pour les collaborateurs en charge des recettes et puis le livre coûtait le double du prix d'un beau livre de l'époque. Mais j'étais convaincu qu'il fallait le faire, qu'il fallait savoir proposer des objets hors normes, des sommes, rien qui soit « petit » pour reprendre les mots de Jean-François Revel.

On a créé une maison d'édition, trouvé un distributeur, appris à acheter du papier, à entoiler, à trouver un semi-remorque de trente tonnes pour transporter la première édition de 5 000 copies, à proposer une méthode de ventes aux libraires : s'ils en prenaient dix, je leur offrais le onzième et ils pouvaient ainsi le laisser ouvert, consultable pour leurs lecteurs. J'avais lancé une souscription aussi pour les professionnels : les producteurs, les confrères. Et finalement c'est un succès : tous les livres se vendent. Le patron d'un grand groupe d'édition qui n'y avait pas cru m'appelle pour me demander comment j'ai bien pu réussir. Et je crois que c'est précisément pour les défauts invoqués avant que le livre plaît : une somme, un pavé, un beau livre pour la gastronomie, ce qui était rare à l'époque. C'est offrir ou s'offrir une part d'excellence.

C'est dans le même esprit qu'on publiera plus tard dans la série des Grands Livres *Desserts et Pâtisserie* en 2002 avec Frédéric Robert, le *Grand Livre des bistrots, brasseries et restaurants de tradition* en 2003 avec une préface de Jacques Chancel, avec la même ambition, la même exigence et *Méditerranée* en 2004.

L'histoire de ces encyclopédies me rappelle un déjeuner mémorable, peut-être le meilleur de tous les déjeuners, un des plus savoureux dans tous les sens du terme. Nathan Myhrvold avait imaginé et écrit la série de beaux livres *Modernist Cuisine* publiée en France par Taschen en 2011, une encyclopédie en six volumes qui se voulait une référence absolue, une analyse de la cuisine mondiale. Il avait construit un laboratoire à Seattle avec tous les fours du monde et il en avait tiré des techniques, des fiches presque mathématiques pour réussir la meilleure cuisine. Nathan voulait qu'on se rencontre et nous nous sommes retrouvés au Plaza Athénée pour déjeuner, chacun avait apporté ses encyclopédies : ça ressemblait à un duel, un combat de boxe sans coup, un combat de coqs en tout cas, de passionnés ! C'était le printemps et je me souviens qu'il y avait des petits pois extraordinaires. Les produits, les vins étaient parfaits. Des asperges, du veau, des morilles, tout était à sa place. Christophe Moret était à ce moment là le chef. Il y avait une telle sensibilité dans ce qu'on présentait ce jour-là que Nathan en a été bouleversé. Ce n'était pas la haute technicité qui comptait, pas la démonstration culinaire, mais des gestes simples, maîtrisés, sensibles : une parfaite cuisson, un produit parfait, une parfaite harmonie, un jus à la parfaite réduction, un parfait dialogue avec les vins. La plus haute gastronomie poussée à son plus haut sommet. Et je crois qu'il n'y a que les Français pour arriver à ce niveau d'excellence, c'est pour ça que je me bats et que je défends tant la gastronomie française : pour préserver et porter cet art-là.

J'avais demandé à Nathan si ce que je goûterais avec lui à Seattle pouvait être meilleur que tout ce qui venait d'être servi. Il m'avait répondu : « Non, on ne peut pas faire ça. On n'a pas ces produits, et cette expertise. » Cette synthèse juste, parfaite, radicale qui ramène à la terre, au goût originel, au produit. Son laboratoire était extraordinaire mais il ne suffirait jamais : la technique doit assister, jamais passer devant, jamais envahir une cuisine.

En 1996, le défi était de taille : il fallait faire vivre deux restaurants, le

Louis XV à Monaco et le 59 Poincaré, et pendant une année j'ai passé mon temps à faire la navette – j'achetais les billets d'avion par cent passages – entre les deux villes. C'était le premier pas vers ce que je voulais proposer et être : ne pas prétendre que je faisais tout, tout seul, mais proposer des cuisines avec des sensibilités différentes, réunies par la même exigence et portées par de jeunes chefs talentueux qui incarnaient cette passion, cette modernité, ce travail. Laurent Gras, mon chef de Monaco, m'accompagnait alors.

Pour rendre hommage à Joël Robuchon, des années plus tard, je rachetai les droits d'un livre qui n'était sorti qu'au Japon rassemblant ses recettes les plus emblématiques, son histoire. *Le Grand Livre de cuisine de Joël Robuchon* est sorti en 2013 et il est devenu un livre de référence avec sa belle jaquette noire. Dans la préface, je l'avais interrogé sur sa conception d'un grand chef : « C'est une personne qui sait exprimer sa pensée à travers d'autres personnes en les faisant agir à sa place (...) Viser les trois étoiles seul ce n'est pas possible. Il faut s'entourer de collaborateurs. Pour cela il faut être très exigeant, sans complaisance avec soi-même (...) Être chef, c'est une sévérité de chaque instant envers soi-même. » Et il confiait ces mots que j'aime tant aussi : « Un grand cuisinier, c'est une personne qui réussit à exprimer avec ses mains ce qu'elle a imaginé dans sa tête », des mots que j'aurais pu écrire moi-même et pourtant les deux encyclopédies montrent bien nos différences. Et qu'il est possible à partir d'une sensibilité autre, d'une ambition autre, de propositions autres, de dialoguer, d'honorer un héritage, de créer ensemble, de laisser une trace.

Dans la collection « J'aime… » que je crée en 2011, hommage aux villes tant aimées, aux restaurateurs, aux producteurs, il y a évidemment un *J'aime Paris*, cette ville qui n'en finit pas de me surprendre. C'est le premier livre de la collection. J'ai écrit dans la préface que c'était une ville loin de mes Suds mais que le dépaysement y est plus fréquent, qu'il m'invite à des voyages imaginaires, que la ville a toujours suscité en moi l'émulation, l'inventivité, le renouvellement. Je crois que c'est exactement ce que j'étais venu chercher là en prenant la suite de Joël Robuchon. Et qu'à chaque étape de l'histoire qui me lie à cette ville c'est ce qui a compté : le renouvellement, le dépaysement, l'inventivité. Ne jamais s'arrêter de créer, d'avancer. Et pouvoir proposer des cuisines différentes dans des lieux différents. Comme une maison de couture avec des ateliers différents, une ligne de haute couture et des lignes de prêt-à-porter. Mais liés par une même obsession, une même passion, les mêmes exigences.

En 2000, nous quittons le 59 Poincaré pour le Plaza Athénée. On débute à cette adresse mythique, une des plus belles de Paris, au 25 avenue Montaigne, le jour des trente ans de Jean-François Piège après de beaux travaux dans la salle Régence redesignés par Patrick Jouin et Sanjit Maku. Elle était triste et on voulait lui apporter la même modernité dans le décor que dans la cuisine : on a acheté des carcasses de sièges qu'on a fait métalliser, on a encerclé d'un voile métallique les lustres imposants. Puis dix ans après on a enlevé les grilles et on a eu le sentiment que cette contrainte les avait libérés, que la lumière éclatait. On a eu aussi l'idée d'un cabinet de curiosité avec des matériaux et des objets anciens, de l'argenterie, de la cristallerie, des livres, avec l'intention de placer la modernité en avant et la mémoire ancienne derrière. Les tables ont aussi été gainées de cuir et d'inox. Combien de personnes s'aperçoivent de ces détails qui n'en sont pas, de ces partis pris ? Nous avons enlevé les nappes et ça aussi c'était une grande évolution.

Je voulais que le lieu évolue et que chaque chef puisse, sous une ligne éditoriale définie, développer sa personnalité. De Jean-François Piège, grand érudit, grand technicien, à Romain Meder, en passant par Christophe Moret et Christophe Saintagne, tous ont marqué le restaurant du Plaza Athénée, l'ont fait évoluer.

Nous sommes des compositeurs de bonheurs éphémères, nous essayons de fixer l'intangible dans la mémoire de ceux qui viennent et s'installent le temps d'un déjeuner, d'un dîner dans ces lieux. Et au Plaza Athénée la rencontre entre ces chefs et les clients a été forte, parfois avec des résistances, un temps d'adaptation, de bouleversements, mais jamais neutre, jamais ordinaire et c'est sans doute ce qui m'importe le plus.

Dans le livre *J'aime Paris*, j'écrivais à propos du Plaza Athénée que là j'avais voulu revenir à l'essentiel, repartir du début, retrouver les goûts vrais, les parfums originels. Ce n'était pas encore le temps de la révolution de la Naturalité initiée en 2014 mais la démarche déjà était radicale : oser une cuisine brute, faire du bon avec du simple, épurer les préparations, replacer la technique à sa juste place pour qu'elle révèle les saveurs de la nature. J'avais par exemple donné à Christophe Saintagne, qui m'avait rejoint en 1999 au 59 Poincaré et qui avait été chef aux Lyonnais ensuite avant de prendre en 2010 la direction des cuisines du Plaza Athénée, ce défi : un produit et pas plus de trois ingrédients. Il fallait affiner, retirer le superflu, surprendre par le moins. Nous voulions, et c'était précurseur à l'époque, proposer de la « haute gastronomie durable ». Un mouvement qui préfigurait la Naturalité.

J'avais en tête depuis des années une ré-évolution gastronomique. Qui se placerait dans le prolongement de ce que nous avions déjà initié et qui ouvrirait de nouveaux horizons, une nouvelle manière de faire, de manger, d'être. Il s'agissait de pousser plus loin cette cuisine basée sur la nature en proposant essentiellement des légumes, des céréales, quelques poissons de pêche durable ou dont on connaît parfaitement la provenance, la saisonnalité, les périodes de reproduction. Je suivais l'itinéraire de mon jeune chef Romain Meder. Il était chef à Doha dans le restaurant du musée d'art islamique, après avoir travaillé au Plaza Athénée, notamment à La Cour Jardin.

En 2014 le restaurant du Plaza Athénée avait fermé quelques mois pour des travaux : il était temps de lui donner une nouvelle vie. J'appelais Romain et lui demandais de venir me retrouver à Paris. À Doha, Romain avait fait la preuve de son talent et de ses capacités d'adaptation, avec des moyens limités et en tenant compte d'interdits : pas de porc, pas d'alcool, de nombreux produits qu'il fallait importer. Mais il y avait développé une cuisine aux influences du Liban, de l'Afrique du Nord, de l'Inde, d'une Méditerranée orientale épicée, colorée, qui me plaisait beaucoup. Je lui exposais ce que je voulais pour le Plaza Athénée. Il n'avait jamais été chef dans un restaurant trois étoiles et je le rassurais en lui disant que tout serait nouveau et qu'il avait les capacités pour éditer précisément cette nouvelle cuisine de la naturalité. Un an après Romain, je recrutais Jessica Préalpato comme chef pâtissière après un entretien de trois minutes comme elle le raconte elle-même et avec la même idée que pour Romain : opérer une révolution dans le monde des desserts, utiliser beaucoup moins de sucres, de gras et jouer avec les fruits, les céréales, leur amertume, leur acidité, leur aspérité, leurs différences. Avec la Naturalité nous voulions aussi la Desseralité. Et pour cette nouvelle quête, il y a eu autant de résistances et de critiques, des clients trouvaient les desserts « moches » ou ils étaient dérangés par ces goûts nouveaux. Mais Romain comme Jessica et toutes les équipes ont tenu.

Je me souviens qu'il y a quelques années Jessica voulait tout arrêter, mais au lieu de sortir de mon bureau avec un congé et une nouvelle vie, je lui ai proposé d'aménager ses horaires, de ne plus travailler le soir, d'écrire un livre qu'elle a publié en 2018, d'aller encore plus loin dans ses recherches, la radicalité de ce qu'elle avait à proposer.

Il faut savoir initier de nouveaux chemins et aussi soutenir ceux qui s'y engagent, connaître le prix à payer et ne pas laisser les talents se décourager ou se perdre. Romain a gagné les trois étoiles au Plaza Athénée et quelques années après son mouvement de découragement, en 2019, Jessica était élue meilleure pâtissière du monde.

De 2014 à 2021, au Plaza Athénée, on a pu penser, créer, développer ces nouvelles idées. Il y a eu tant de protestations au début : les clients cherchaient les marques anciennes et la viande, le gibier, le sucre, tout ce qui était traditionnellement associé à la haute gastronomie. Ça a été un combat pour imposer cette naturalité, cette dessealité. Le *Grand Livre de la Naturalité* publié en 2020 nous a permis de rassembler ces recettes nouvelles, d'inscrire cette histoire. Bien sûr ces évolutions sont fragiles : nous quittons le Plaza Athénée en 2021 et dans ce restaurant c'est une autre interprétation de la cuisine qui sera proposée à présent.

Avec Romain et Jessica, nous emmenons la Naturalité ailleurs, dans d'autres lieux et sous d'autres formes aussi : dans le réfectoire Sapid ou aux Ombres, le restaurant du musée du Quai Branly avec l'expérience ADMO puis avec la nouvelle carte du restaurant. Là aussi il ne faut pas s'arrêter d'être curieux, ouverts, de créer, jamais se figer ou se laisser enfermer.

Paris est un rêve et New York en est un autre. Bien sûr les projets, les idées, les défis n'apparaissent pas avec la clarté d'une décision du matin. Il y a une part de hasard, de chance, évidente. Et sans doute qu'en obtenant trois étoiles à Monaco, puis trois étoiles à Paris, je ne me suis pas dit : maintenant à New York. Les histoires s'écrivent avec quelques rencontres, des souvenirs, une expérience qu'on voudrait prolonger, un peu de jeu et d'inconscience.

Je suis parti pour la première fois à New York comme tout jeune chef en 1976. Je travaillais pour Michel Guérard qui était consultant pour le groupe

Regine. Et un Regine's venait de s'ouvrir sur Park Avenue. Il m'avait proposé de travailler là-bas pendant les deux mois de fermeture d'hiver du restaurant d'Eugénie-les-Bains et à vingt ans j'avais sauté sur l'occasion. J'avais trouvé le billet le moins cher pour rejoindre New York sur la compagnie Pakistan Airlines. On était logé dans une grande colocation et payé en liquide à la fin de la semaine, chaque vendredi. Je me souviens du froid intense, du danger aussi – on avait tout le temps peur de se faire braquer – et de l'expérience incroyable que ce fut. Je n'avais pas dû, pendant ces deux mois, comprendre la ville, son tempo, son caractère, mais l'envie était restée tenace de pouvoir y retourner.

À Monaco, des années plus tard, en 1991, j'avais organisé au Louis XV l'anniversaire du critique américain Craig Claiborne, qui a véritablement inventé la critique gastronomique au *New York*

Times. Il avait contribué à me faire connaître aux États-Unis tout comme la une du *Wine Spectator* et le texte du journaliste Thomas Matthews. J'accueillais dans les cuisines du Louis XV de nombreux jeunes chefs américains et comme convives dans la salle ces mêmes chefs et des touristes venus découvrir notre gastronomie. C'est le cas de Dan Barber, aujourd'hui l'un des chefs américains les plus importants, qui a été le premier à s'installer en dehors de New York dans une ferme pour imaginer une cuisine locale, élever des cochons, des poulets, cultiver ses légumes. Au début des années 90, il a vingt-quatre ans et il vient, après des mois d'apprentissage à Paris, à Monaco. Il raconte qu'il avait mis de côté 1 000 francs pour le train, l'auberge de jeunesse et un dîner au Louis XV. Nous nous étions juste croisés cette fois-là devant le restaurant. Des années plus tard, je l'invitais avec de nombreux chefs étrangers. Je me souviens aussi d'une rencontre fabuleuse avec l'écrivain Jay McInerney qui avait raconté notre périple entre Monaco et la Bastide de Moustiers pour le magazine *Departures*.

Entre ces rencontres importantes, ces Américains pleins de charme et de dons, il y avait eu ma vraie rencontre avec New York et les États-Unis : l'ouverture d'un premier restaurant, l'échec d'un restaurant, une leçon, la volonté de persévérer.

Lorsque je publie en 2007 *J'aime New York*, j'écris ces mots en introduction : New York est la ville qui à la fois mélange, répare et éprouve. C'est ce que je ressens à chaque nouvelle aventure dans la ville, pour chaque restaurant, à chaque séjour. La ville me bouscule, me pousse à me remettre en question, à apprendre toujours plus et bien souvent à faire différemment. J'écrivais aussi que je ne m'étais jamais senti aussi vivant que dans cette ville, animé par une envie de découverte, jamais certain de connaître le goût des choses. C'est une source d'apprentissage sur la nourriture, les gens et sur moi-même.

J'avais rencontré pour une interview le journaliste Jean-Christian Agid qui travaillait pour Canal. C'était une belle rencontre et après l'interview je lui avais demandé s'il voulait aller à New York. J'étais convaincu qu'il fallait faire un livre avant d'ouvrir un restaurant là-bas, qu'il nous fallait partir en quête des produits, de ce qui se faisait de mieux aux États-Unis. Que le livre serait comme une récolte de l'excellence. C'est ainsi que *Harvesting*

Excellence est né en 2002 aux éditions Assouline. Jean-Christian a parcouru plus de 50 000 miles pour trouver tous les produits : bison, cochon, poulet, dindon… et établir comme une carte des meilleurs producteurs américains et un hommage à la nourriture américaine par ceux qui la produisaient, qui l'élevaient, la portaient jour après jour.

Avant nous c'est Jean-Louis Palladin qui avait été le précurseur des chefs français aux États-Unis. Il venait du Gers, je le connaissais bien et il avait ouvert un restaurant à Washington à la fin des années 70. Il se passionnait pour les produits, le terroir américain, il sillonnait le pays et faisait prendre conscience aux Américains de la richesse de leur territoire. En 1989, il avait publié un beau livre : *Cooking with the Seasons*. C'est lui qui a mis au point la meilleure recette de salade Caesar. Il était un modèle pour moi qui rêvait de l'Amérique.

Je voulais proposer une vision d'une gastronomie française de très haut niveau avec des produits américains. Seules peut-être étaient importées la truffe et l'huile d'olive. Notre restaurant devait offrir le meilleur de l'expertise gastronomique française : par les arts de la table, l'hospitalité, l'orfèvrerie, chaque geste, chaque détail et le travail de tous les produits. Après la publication du livre *Harvesting Excellence* je me sentais prêt.

Le 19 juin 2000, nous ouvrons le restaurant Alain Ducasse at Essex House à l'intérieur de l'hôtel Essex House à Central Park. Le chef Didier Elena m'accompagnait. Le directeur général de la Essex House, un Égyptien d'Alexandrie, Ibrahim, m'avait demandé au téléphone si ouvrir un restaurant là m'intéressait et je lui avais répondu aussitôt : je viens la semaine prochaine !

Il nous loue le restaurant et nous faisons de grands travaux. Pour cette ouverture je passe presque un tiers de mon temps à New York. Dire que ce fut une ouverture difficile est un euphémisme. Il nous fallait tout apprendre. Et tout réapprendre. Des goûts new-yorkais en passant par la législation pour les poubelles. C'était un autre monde mais c'était aussi précisément ce que je cherchais. L'ouverture du restaurant avait suscité une grosse attente : nous avions enregistré plus de 2 000 réservations laissant imaginer un restaurant plein pendant des mois. Et puis les critiques sont venues et toutes ou presque ont été unanimes contre nous : trop cher, trop sophistiqué, trop pompeux. J'ai tout lu : certains s'amusaient à conseiller la pizzéria en face par exemple ou moquaient les stylos de collection qui permettaient de signer les additions, ou la forme et la taille des couteaux pour tailler son bœuf ou couper le pigeon. Pendant des mois il y a eu près de 1 400 coupures de presse négatives. C'est le montant des additions qui suscitait le plus de critiques – et c'est vrai qu'aujourd'hui les prix ont considérablement augmenté à New York mais en 2000 le menu que je proposais était le plus cher des États-Unis –, construisant là-bas ma notoriété à tel point qu'un jour à l'aéroport un douanier me reconnaissant m'a lancé : « C'est vous monsieur addition ? »

Une critique, Marian Burros, rédactrice en chef du *New York Times*, était particulièrement virulente : je la recroisai des années après à Washington peu avant l'ouverture de mon restaurant proche de la Maison-Blanche, et malgré les conseils de mon attachée de presse je ne pus m'empêcher de lui signaler que j'étais toujours là, que la violence de son article ne m'avait pas tué. Un peu comme Claude Lebey au moment de ma reprise du restaurant de Robuchon qui m'avait dit que je rentrerais à Monaco six mois après mon arrivée à Paris.

C'est dans ce premier restaurant à New York, qu'avant le discours de Dominique de Villepin à l'ONU contre la guerre en Irak, j'avais reçu le président Chirac, Dominique de Villepin et Kofi Annan, par trois entrées différentes, et ce fut la première fois que la cuisine m'est apparue de façon si évidente comme un fabuleux poste d'observation du monde, comme j'aurai l'occasion de le vivre dans les salles de mes restaurants ensuite avec de nombreux chefs d'État, même si j'ai un principe : accueillir et m'éclipser. Le lendemain du discours, la France est devenue l'ennemie et pendant des mois et des mois nous n'avons enregistré que des annulations. Des pancartes étaient brandies : « *French go home* ».

Nous avons appris, en changeant la carte, en nous adaptant à la demande américaine sans rien transiger de notre rapport à la gastronomie, notre exigence, en tenant aussi malgré les critiques sévères et peu à peu, au fil des ans, les réservations sont revenues, les éloges et les étoiles. Comme ces quatre étoiles attribuées par William Grimes, critique du *New York Times*, la plus haute distinction décernée par le quotidien pour un restaurant. « Une cuisine qui met les convives à genoux », « Monsieur Ducasse avait promis à New York un grand restaurant. Maintenant il le lui a donné. »

Ouvrir puis tenir ainsi, je pense que c'est un mélange d'inconscience et d'orgueil mais surtout une passion de faire, d'entreprendre.

Deux ans après l'Essex House, en 2003, j'ouvrais un deuxième restaurant à New York, le Mix, à Manhattan, sur la 58e rue. L'idée était de faire « un mix », un pont entre les États-Unis et la France, le passé et le présent, les saisons, les cultures. Avec Patrick Jouin, nous avions rêvé de ce lieu et choisi un design résolument contemporain : on importe des fonds de wagons, on conserve la brique, la façade en béton est un rideau de métal. On voulait montrer les traces du passé, du local industriel. Cette passion n'empêche pas les erreurs. Le premier signe c'est qu'avant même l'ouverture avec mon associé Jeffrey Chodorow, on n'est d'accord sur rien : le prix du menu, du cocktail, les tenues des serveurs. C'est la première alerte. Le restaurant ouvre et les tensions s'accumulent. Un jour je vais voir mon ami Tom Matthews, devenu rédacteur en chef du *Wine Spectator*, et il me dit : « On voit que vous n'avez pas eu assez d'argent pour terminer le restaurant, il est bâclé. » C'était exactement l'inverse. Je me souviens être sorti du rendez-vous sonné et dans un taxi sur Park Avenue avoir compris aussitôt qu'on s'était trompés, qu'on ne serait pas compris : on était, et cela arrive, tombés à côté. L'aventure a duré deux ans mais elle était d'une certaine manière condamnée à l'avance. Et j'ai toujours retenu la leçon : il faut comprendre l'endroit où on est et ne pas être trop tôt, trop en avance par rapport à une époque ou à une mode. À ce titre les États-Unis ont été une grande école. Et après ces « erreurs » nous n'avons jamais cessé d'entreprendre : après l'Essex House, nous ouvrons le restaurant Adour dans l'hôtel St. Regis à deux pas de la 5e avenue, avec encore une autre proposition. Et puis en 2008 nous avons ouvert le restaurant Benoit à New York, qui a fêté en 2018 ses dix ans et qui est bien parti pour fêter ses quinze ans.

J'avais placé là en 2016 une jeune cheffe que j'aime beaucoup, Laëtitia Rouabah, qui était passée par les cuisines du Plaza Athénée puis de notre restaurant à Londres avant de devenir cheffe adjointe au Jules Verne et cheffe du salon La Première d'Air France. Je me souviens que mon avion avait une heure de retard et que je lui avais demandé une fricassée de volaille aux girolles qui était parfaite. C'est face à ce plat qui demande une juste maîtrise que j'avais eu l'idée de la nommer chez Allard puis à New York. Elle a tout connu : l'anniversaire des dix ans, le covid, deux ans seule avec les équipes sans que je puisse venir les voir, un accident de vélo, et elle a tenu bon et parfaitement la maison.

Dans ces ouvertures, cette passion d'entreprendre, c'est aussi une de choses que je préfère : lancer les choses et les confier à de jeunes gens passionnés eux aussi qui marquent les lieux. Aujourd'hui c'est le chef Alberto Marcolongo de Cucina à Paris qui succède à Laëtitia. C'est un passage de relais, une occasion pour les hommes et les restaurants de trouver d'autres souffles, mais cela raconte toujours une histoire de transmission, une quête.

Aujourd'hui comme hier, quand je vais à New York je continue à chercher, à goûter, à apprendre, comme lorsque je sillonnais les cinq arrondissements de la ville en quête d'aventures culinaires : je parcours toujours les allées du mythique supermarché Fairway ou de l'épicerie fine *Russ & Daughters*, ou de la librairie *Kitchen Arts & Letters*, je me régale de travers de porc marinés façon Memphis ou de pastrami chez Katz's ou des frites de JG Melon. Lorsque j'ai pu y retourner après les confinements et les fermetures de frontières, en décembre 2021, c'est chez Daniel Humm, chef au Eleven Madison Park, que j'ai voulu aller pour goûter sa cuisine végétalienne très audacieuse. Il a fait venir un chef japonais que j'aime beaucoup, que j'avais emmené à Paris, et ensemble ils font une proposition remarquable qui comme pour la Naturalité en 2014 suscite bien des critiques, notamment du *New York Times* qui est passé à côté de cette haute expertise végan. Pourtant je suis sûr qu'ils vont réussir leur pari et c'est tout ce que j'aime aussi : proposer ce qui n'a pas encore été fait, ou poussé aussi loin, inventer, être radical, tenir, se laisser inspirer par une ville si forte qui donne envie d'oser, de se réinventer, de tout tenter.

C'est tout cela qui raconte et nourrit ma relation à New York et d'une manière générale aux États-Unis, chaque rencontre, chaque entreprise, chaque échec ou erreur qui donnent envie de se dépasser, de faire mieux, d'oser, de reprendre, dans ce territoire gigantesque où tout change d'une ville à l'autre, d'une année à l'autre. C'est un rappel permanent, plus encore à Paris ou à Londres, qu'il faut rester vigilant, curieux, ouvert, qu'il faut se réinventer sans cesse pour affirmer ce que l'on est et ce que l'on croit.

L'histoire que j'ai nouée avec le Japon est bien différente. Je ne compte plus le nombre de fois où j'y suis allé depuis le choc de ma première rencontre avec ce pays, son histoire et sa cuisine. J'y ai ouvert bien des années après, en décembre 2004, un premier restaurant dans le quartier Ginza à Tokyo, Beige, puis le restaurant Benoit Tokyo en 2005 et le restaurant Esterre dans le Palace Hotel Tokyo ouvert en 2019, chacun avec une histoire, une particularité, une manière de présenter la gastronomie française et d'y intégrer les produits, l'art, la gastronomie japonaise à notre manière. Mais ce qui m'importe c'est l'inconnu et la fascination : dès le premier voyage, j'ai su en découvrant la cuisine japonaise que je ne savais pas la faire et que je n'avais pas l'ambition ni la prétention de devenir un cuisinier japonais, mais que je pouvais essayer de comprendre, de saisir le plus d'influences possible pour enrichir ce que je savais déjà. Chaque voyage est l'occasion de cette strate supplémentaire, de cet apprentissage. Et c'est sans doute là que j'ai fait les rencontres les plus marquantes, les plus inspirantes.

Comme avec le chef Toshio Tanahashi de la cuisine des temples du soleil, rencontré à Kyoto grâce aux conseils de mon assistante à Londres. Elle avait une vraie passion, un vrai intérêt intellectuel pour la cuisine. Je décide d'y aller et avec mon directeur du bureau de Tokyo, Fabrice, nous arrivons devant la porte d'un garage. On se dit que c'est une blague, que le restaurant n'existe sans doute pas. Mais le chef nous attendait en tenue traditionnelle et parce que son sens de l'hospitalité l'obligeait, il avait aussi une bouteille de Dom Pérignon pour nous, avant qu'on déjeune au saké.

Ce déjeuner est l'un de mes plus forts souvenirs. Je cherche, je travaille avec autant de passion et d'acharnement sans doute pour vivre ce genre de moments. C'est tout l'objet de ma quête : entrer dans un lieu surprenant, n'en rien savoir, goûter ce que je n'ai jamais encore goûté et partir transformé par ces saveurs, cette histoire.

C'était un lieu inouï, tout en bois, d'une juste modestie. Je me souviens d'un déjeuner végétalien extraordinaire, un déjeuner de température, de texture, de goûts neutres, plutôt fades même, ce qui fait naître aussitôt une grande curiosité de ma part parce que je ne sais pas faire ce que je viens de manger et que je veux apprendre aussitôt. C'est une conviction : il faut que ce chef si talentueux vienne travailler à Paris avec moi. Je ne peux pas quitter cet endroit sans cette promesse. On discute et il m'apprend que nous sommes ses derniers clients, que son restaurant ferme, qu'il doit rejoindre un ami japonais à San Francisco. J'insiste : je veux l'engager. Il ne me dit pas oui mais il accepte de faire étape à Paris après son voyage aux États-Unis.

Il vient travailler deux mois avec nous à Paris. Romain vient d'arriver de Doha, et tous ensemble nous préparons la réouverture. Avec ce chef japonais, ma conviction que la carte du Plaza Athénée doit se transformer est plus ancrée encore. Il nous enseigne cette neutralité du goût qui m'intéresse tant, son art de travailler les textures, les températures, ces gestes si précis et en particulier l'usage des mortiers japonais et on intègre cette technique à nos recettes. Pendant ces deux mois on travaille tous au Meurice, il y est logé aussi. Il ne parle pas un mot d'anglais et de français et c'est le propriétaire d'une épicerie japonaise à Paris, Issé, qui fait l'interprète. Très vite il me fait comprendre qu'il ne se plaît pas au Meurice, qu'il y a trop de bruits en cuisine pour travailler, qu'il veut être en communion avec ses légumes, seul. On trouve un appartement meublé près d'un marché et une cuisine dans mon école rue Ranelagh où il peut travailler. Tous les deux ou trois jours, avec Romain on vient le voir : on ne comprend pas ses recettes, mais on fait de telles découvertes gustatives et on prélève le sentiment, l'émotion qui se dégage de chaque plat.

Il vivait dans sa bulle, dans son monde, et il nous a fait le cadeau immense de nous laisser y entrer. Il a une radicalité magnifique : son amour absolu de la nature, son attention extrême portée au végétal, une radicalité qu'il nous a offerte aussi et qui est venue s'ajouter à nos gestes, nos techniques, nos inspirations. Je suis certain que la Naturalité qu'on a choisi d'explorer a profité de son savoir et de sa personnalité.

C'est cela pour moi, être sous influence. C'est être capable de rencontrer ce qu'on ne connaît pas, être à l'écoute, ne pas copier mais intégrer ce qui nous est offert pour s'enrichir encore, pour changer. De toutes les leçons du Japon et des pays que j'explore, des cuisines que je goûte pour la première fois, c'est pour moi la plus importante.

Je n'avais pas de nouvelles de ce chef japonais, je savais qu'il continuait de travailler aux États-Unis et je me disais que j'adorerais publier un livre de lui. Et puis récemment, lorsque je suis retourné à New York en novembre 2021, j'ai appris qu'il travaillait avec Daniel Humm au Eleven

Madison Park et qu'il l'avait aidé à concevoir ce menu végétalien unique. Et c'est passionnant de voir que ce qu'a retenu Daniel Humm est différent encore de notre approche, de ce que nous avions aimé et travaillé avec lui.

Il y a eu d'autres rencontres passionnantes au Japon, même si celle avec ce chef de Kyoto est la plus marquante. Je me souviens en particulier d'un minuscule restaurant à Osaka, sous un pont, un restaurant de soba. L'homme travaillait seul, avec une poignée d'ingrédients, il n'y avait qu'un mode de cuisson, quelques feuilles de nori et c'est tout. La simplicité du geste, sa répétition : devant nous il réalisait quelque chose de parfait, à son sommet.

Un autre grand chef japonais était aussi venu nous voir : Hirohisa Koyama.

J'avais réussi à convaincre Marianne Comolli et Jean-Louis Bloch-Lainé avec qui nous avions fait *Riviera* d'imaginer un beau livre sur la cuisine japonaise avec lui : c'est *Saveurs du Japon*, publié en 1998 et qui est comme *Riviera* une référence. Je me souviens d'avoir cuisiné souvent avec Hirohisa et notamment la cuisson d'œuf parfait magnifique qui a fait école depuis, et aussi de ses petites boîtes en laque noire avec des bouchées inoubliables. Là aussi c'étaient des mets parfaits.

Après le restaurant Beige et Benoit, nous avons ouvert à Tokyo en 2019, au sixième étage du Palace Hotel, face aux jardins du Palais impérial, le restaurant Esterre, un hommage à la « terre mère », au « sens de la terre », à la Naturalité que nous voulions mettre en avant avec le jeune chef Martin Pitarque.

Martin, élevé du côté de Cahors, dans le Quercy, avait déjà travaillé avec nous dès 2014, au Plaza Athénée et au Dorchester comme sous-chef à Londres. Pour le lieu, nous avions fait le choix d'être résolument contemporain, et de mettre en valeur des sièges magnifiques dessinés par l'immense Jean Nouvel pour le restaurant de mon ami Jean-Marie Amat : Le Saint-James à Bouliac. Ils forment comme des nuages de cuir et je trouvais qu'ils étaient parfaits face au Palais impérial. Nous les avons fait rééditer. Tout me plaisait : l'accoudoir, le dos, la galette, tout. Et pourtant c'était un pari : le propriétaire du Palace Hotel n'en voulait pas et m'avait regardé sidéré après les avoir découverts. Je lui avais promis que si ces sièges déplaisaient dès le premier soir d'ouverture, si je m'étais trompé, je les reprendrais moi-même.

Je n'ai pas récupéré mes sièges, ils sont toujours là et ils ont marqué les esprits : il me semblait que c'était le bon dialogue entre la culture française et la culture japonaise, qu'on pouvait être à Tokyo comme on était sur les rives de la Garonne, que ces sièges permettaient de créer une aspérité dans ce lieu si beau, si harmonieux et de raconter une histoire qui dure. C'est l'inverse de la décoration : c'est s'inscrire dans le temps, que les objets se patinent, qu'ils créent des lieux habités. Comme les cuisines, les plats, les instants créés qui s'inscrivent dans les mémoires et racontent une rencontre, un moment, une émotion, une inspiration, une ténacité.

Ce sont les leçons que j'ai retenues de tous mes voyages, de tous les pays et les cuisines découverts. Nous avons des restaurants aux États-Unis, à Londres, au Japon, au Qatar, à Singapour, à Bangkok et d'autres villes, et chacune de ces destinations a été pour moi un défi, une remise en question, la volonté de porter partout la gastronomie française et de la faire dialoguer avec les autres.

À Hong Kong, on ne cuit pas le poisson comme à Paris ou à Los Angeles. À Hong Kong on le cuit dans son humidité, son bouillon. Si je le servais ainsi à Paris ou à New York, personne n'en mangerait. Chaque civilisation porte une manière différente d'apprécier le poisson. Comme tous les autres mets. C'est une leçon d'humilité permanente.

Cet élan qui m'a porté vers ces pays, ces chefs, ces cuisines différentes, m'a changé : jamais je n'aurais connu les goûts variés du poisson, ceux de l'amer véritable, ceux du neutre, jamais je n'aurais eu envie de les partager, de les faire connaître partout, à Paris et ailleurs et qu'ils composent un savoir, une sorte de bibliothèque intime toujours enrichie, ouverte, en mouvement. Comme moi, et je veux l'être le plus longtemps possible : en mouvement.

Les manufactures

Lorsque je rencontre Gaston Lenôtre à Eugénie-les-Bains et que je lui demande de m'apprendre à faire des croissants, je suis un tout jeune cuisinier déjà convaincu de l'importance d'être curieux, de tout découvrir, de pouvoir tout faire. C'est pour cela que je rejoins Paris, son école, et la diversité des enseignements, des gestes, des savoirs qu'il propose me comble. Je passe de poste en poste. Je commence au traiteur froid puis au décor de sucre et aux entremets et j'apprends tout des gestes, des techniques, des machines de chaque métier : charcuterie, viennoiserie, glace, chocolat… un panel porté à un haut niveau d'excellence. Tout me plaît au point de me faire hésiter sur ce que je veux faire. Finalement c'est la cuisine que je choisis, mais je garde en tête toute cette palette et je nourris l'idée d'avoir un lieu et l'occasion de mettre à profit ce que je sais en y apportant ma vision, en affinant le trait, en cherchant d'autres goûts, en précisant un goût jusqu'à la finesse parfaite du trait. J'aime le mot manufacture et le mot italien : *fatto a mano*.

Ces manufactures, c'est un nouveau chemin, c'est continuer à apprendre, à chercher, à découvrir les goûts que je porte en moi et ceux que je ne connais pas encore.

Quand je quitte l'école Lenôtre, j'ai travaillé suffisamment et avec passion pour savoir qu'un jour j'approfondirai chaque geste, chaque expertise, chaque domaine. J'avais été l'assistant des professeurs et c'est là que j'avais le plus appris puis commis. C'est dans cette école que naît l'intuition, l'idée, l'envie des ateliers. Et cette idée va se nourrir, s'affermir, année après année. Je le répète : le danger c'est de s'arrêter d'être curieux et les manufactures, par le savoir, l'expertise, les recherches, l'attention qu'elles demandent, c'est l'assurance d'être toujours curieux, sur le qui-vive, en mouvement permanent.

C'est ainsi que je me lance dans l'aventure des manufactures pour savoir si je sais faire, pour continuer à apprendre et pour faire différemment : du chocolat, du café, de la glace, des biscuits. Et qu'ils soient différents. Et demain nous nous lançons dans la manufacture des produits de la mer. Cette quête me passionne tout comme la recherche de la machine parfaite. De la fabrication juste. De la boutique dont l'univers correspond à ce que l'on vend, avec une histoire, une atmosphère, un ton unique. Et que tout ceci ne soit pas le fait d'une usine, d'une production en gros, mais d'ateliers où chaque geste compte.

La première manufacture que nous créons c'est celle du chocolat.

Lorsque je me lance dans ce défi, il y a une part d'inconscience et de courage. On n'est pas attendus là : c'est nouveau, tout est à apprendre et surtout on ne cherche absolument pas à plaire à tout prix. Il ne s'agit pas de proposer un goût universel ou qui rallierait la grande majorité, mais un goût avec une personnalité, des différences, des aspérités. Et cette ambition va accompagner chaque manufacture. Je répète par exemple souvent qu'une glace industrielle aura toujours du succès : c'est gras, mou, sucré. Ça coche toutes les cases de l'addiction. Et ça coûte moins cher à acheter que ce que je dois dépenser pour fabriquer une glace. C'est la même chose pour le chocolat et le café. Ce que nous proposons c'est autre chose. Et cela commence par une histoire différente, une maîtrise de tout : de la sélection des fèves de cacao, des grains de café, de chaque ingrédient choisi avec soin et en connaissant sa provenance à la vente du produit manufacturé.

Créer des manufactures c'est comme créer un restaurant : il y a les mêmes enjeux, la même obsession, les mêmes difficultés et il y a toujours cette question qui me guide pour tout ce que j'entreprends : est-ce qu'on va être vraiment différents ? Est-ce qu'on va être meilleurs ?

L'aventure de la manufacture de chocolat commence en 2013. Puis il y aura le café en 2019, les glaces en 2021 et les biscuits en 2022. C'est une entreprise, une quête extraordinaire. Comme dans les cuisines des grands restaurants, je voulais partir des produits bruts et retrouver le goût originel, tout en maîtrisant parfaitement chaque étape de la confection.

En 2022 nous préparons l'ouverture de notre vingtième boutique de chocolat, rue de l'Annonciation à Paris, moins de dix ans après la naissance de la manufacture de chocolat rue de la Roquette. Et je me souviens parfaitement de chaque étape, de tout ce qui a permis cette réalisation.

J'avais travaillé le chocolat chez Lenôtre et ça m'avait passionné. Le soir en retrouvant ma chambre de bonne à Paris, j'en étais tellement imprégné que j'avais l'impression d'être ivre de chocolat. Les chefs chocolatiers que je rencontrais et qui nous enseignaient leur savoir me passionnaient aussi : il y avait Michel Chaudun et aussi Robert Linxe, le fondateur de la Maison du Chocolat. Il m'a beaucoup appris. Il avait inventé l'hospitalité dans ses boutiques. Il avait à la fois une idée précise du chocolat, de ce qu'il voulait proposer et du service, de la façon dont chaque client était accueilli et accompagné. Et puis parmi les maîtres rencontrés il y avait aussi Maurice Bernachon : je travaillais chez Alain Chapel et pendant mes jours de congés j'allais travailler chez lui en stage à Lyon. Son petit-fils continue à la même adresse, avec la même recette du palet d'or qui m'a marqué. Le goût n'a pas changé : ce palet d'or, il mature comme un bon pain, un bon vin. J'apprends beaucoup avec ces hommes : j'enregistre chaque geste, chaque technique, chaque goût et je sais qu'un jour je voudrais proposer quelque chose d'encore différent, un goût nouveau. Ce goût-là qui m'intéresse il ne vient pas de l'enfance, de la mousse de chocolat de ma grand-mère par exemple ou de ces maîtres : il est virtuel encore. Je le cherche et lorsque je l'ai trouvé, je le sais aussi dans l'instant.

Ainsi, quand on crée la manufacture de chocolat, on ne sait pas encore faire le chocolat : on a des bases, des références, de l'envie mais on a tout à apprendre avec Nicolas Berger. Je l'avais rencontré à New York et il était devenu mon pâtissier là-bas avant de devenir mon chef pâtissier pour tout le groupe. En 2012, il était venu me voir en me disant qu'il voulait faire autre chose. Nous convenons en cinq minutes de faire du chocolat ! Je sentais que c'était le bon moment. C'est ainsi qu'on se lance : je l'envoie se former auprès des meilleurs maîtres chocolatiers, il part notamment à Lyon chez Philippe Bernachon et à Turin chez Domori. On part aussi en quête de machines idéales, dont le fameux tarare indispensable à notre artisanat. Depuis nous l'avons reproduit pour avoir une copie parfaite. Il fallait anticiper la fin de la plus vieille machine.

Et on forme une équipe, des hommes comme Quentin Francis-Gaigneux qui est l'assistant de Nicolas avant de prendre la direction de la production du chocolat après son départ. Et puis il y a aussi Adonis, aujourd'hui le meilleur torréfacteur de cacao à Paris et qui a commencé chez nous comme commis : il connaît et parle des machines et de son art comme personne. J'aime à dire qu'ils sont, chacun dans leur domaine, des ressources rares.

Pour comprendre et tout maîtriser on voyage aussi : on va notamment au Brésil pour découvrir le cacao, les fermentations, le séchage au soleil, chez les Tavares qui récoltent le cacao depuis des années, qui connaissent chaque terroir, chaque cru et son goût particulier en fonction de l'exposition, de la pente, comme les grands crus de Bourgogne, et qui en plus de ces terroirs magnifiques, de ces fèves naturellement sucrées par le soleil, ont une juste maîtrise, des gestes sûrs.

Au début de chaque entreprise, je veux tout comprendre et tout voir : il vaut mieux savoir que de dépendre de quelqu'un qui sait. C'est une règle d'or.

Je voulais ouvrir une manufacture qui nous permettrait de fabriquer du chocolat de façon traditionnelle et de maîtriser chaque étape de la confection. Comme un travail d'orfèvre. On sélectionne ainsi des fèves avec soin d'une quinzaine de provenances pour autant de goûts et d'identités. Et on travaille chaque fève en fonction de son caractère par une torréfaction différente. Et ainsi on maîtrise les étapes cruciales de la torréfaction au concassage puis du concassage au raffinage, le conchage, l'affinage.

Dans l'atelier de la rue de la Roquette, le premier, la maison mère, c'est là que tout se joue. Et comme nous n'avons pas encore de boutiques, c'est là aussi que nous commençons à vendre.

Ce premier lieu de fabrication et de vente va être pour nous un modèle.

Je me projette dans chaque lieu. Comme pour les restaurants, les manufactures et les boutiques, il faut penser l'espace, le décor, l'investir, qu'il s'en dégage des traits, un ADN commun mais aussi des spécificités, des originalités qui en font des lieux uniques. C'est à l'opposé de la standardisation : chaque boutique est différente, avec des objets signifiants, une histoire autre. Pour ne jamais faire pareil et tomber dans la facilité.

La manufacture rue de la Roquette, avec mon fidèle architecte du Sud-Ouest, Patrick Laforgue, on en avait imaginé l'esprit : il fallait retrouver tous les codes d'une manufacture avec des matériaux comme l'acier, la brique, le bois, le béton, des lampes industrielles. On voulait en particulier que l'acier laminé, patiné soit très présent : que cette patine fasse évoluer le lieu, qu'elle lui donne un cachet et une histoire.

Qu'il ne s'agisse pas ainsi d'un décor. Qu'on ait le sentiment de percevoir dès l'entrée l'âme de l'atelier et de ceux qui y travaillent. Philippe Stark aime ainsi à dire : « Rien ne remplace la patine du temps. »

Pour chaque boutique l'exigence a été la même. Pour la vingtième par exemple, à Paris, rue de l'Annonciation, j'entre quelques semaines avant l'ouverture et je porte attention à chaque détail. Il y avait une lampe neuve sur la caisse qui tranchait trop. Et il manquait des éléments anciens avec un cachet si particulier. Dans chaque boutique, il faut au moins cinq éléments anciens et originaux. Très peu de clients vont s'en apercevoir mais pour moi cela fait toute la différence.

On choisit un lieu, on ne le détourne pas de ce qu'il est et on lui apporte un peu de ce que nous sommes.

Cet esprit des ateliers – de petits lieux de fabrication à l'opposé des grandes usines, des gestes et des productions maîtrisés – se ressent dans les espaces de production, avec des machines uniques, rares, traditionnelles et dans les espaces de vente. Jusqu'à l'emballage des chocolats qui raconte aussi l'histoire d'une manufacture : avec cet esprit brut qui avait tant déstabilisé mes collaborateurs et les investisseurs : « Les vraies boîtes de chocolat, elles arrivent quand ? », m'avaient-ils dit, en recevant cet emballage si particulier qui aujourd'hui est une composante forte de notre identité.

On vend ainsi notre premier chocolat au fond de la cour, rue de la Roquette. Cela me permettait de sentir l'appétence des clients, leur curiosité. Cela marche et aujourd'hui encore c'est là que l'on réalise notre meilleur chiffre d'affaires.

Petit à petit, de nouvelles boutiques naissent, d'autres ateliers de fabrication : un ancien garage dans le XXe à Paris accueille l'atelier de couverture du chocolat, un autre les lignes de bonbons, mais au fil des ans l'esprit reste le même : des petites structures autonomes et personnalisées, des ateliers, un artisanat haut débit, des maîtres qui passent, apprennent, transmettent, perfectionnent les machines traditionnelles sans rien perdre des gestes ancestraux, continuent à chercher et à expérimenter.

La manufacture de café naît quelques années après celle du chocolat avec le même esprit, la même quête.

C'était le directeur général de Malongo, Jean-Pierre Blanc, qui m'avait initié au café pendant des années en me parlant des femmes et des hommes de ces terres de café, des filtres, de la torréfaction, des cultures, des producteurs.

Comme pour le chocolat le produit me passionnait. Finalement c'est avec Giuseppe Lavazza que nous concluons un partenariat et nous faisons avec eux un café premium Alain Ducasse & 1895 by Lavazza dans un atelier dédié avec de belles machines à taille humaine : si on pensait en tonnes de café, le résultat ne serait pas le même. Il faut une maîtrise parfaite de l'homme sur une petite production. C'est le même principe pour les glaces comme pour les biscuits.

Dans cet esprit, respectueux des fèves, des étapes de fabrication, on peut imaginer un café haute cuisine avec des crus d'exception et des assemblages aux saveurs uniques. Et qu'alors le service du café devienne un moment juste.

Comme pour le chocolat, il fallait montrer dans le lieu même de la manufacture rue Saint-Sabin cet esprit artisanal. C'est Patrick Laforgue qui l'a imaginé avec des baies vitrées qui montrent l'espace de production aux visiteurs. C'est dans l'atelier de Paris qu'on fait les mélanges, la haute couture, puis tout est reproduit à Turin par Lavazza dans un site de torréfaction dédié.

Et à côté de la machine traditionnelle de torréfaction, il fallait un homme initié à l'art du café. Veda Viraswami devient notre torréfacteur, double champion de France de torréfaction en 2017 et 2018 et troisième aux championnats du monde en 2019 : il connaît les terroirs, il possède toute l'expertise de la torréfaction. C'est un homme rare : il sait très précisément à quel degré il faut torréfier sans dévoyer le goût. On ne cuit pas à l'excès, on prend ce que la plante nous donne.

C'est tout un apprentissage, une éducation : aujourd'hui on surcuit le café parce qu'on le sert souvent avec du lait et que la surcuisson permet de donner plus de goût mais c'est une hérésie.

La plupart des clients ont l'habitude – comme pour la glace ou le chocolat, trop gras, trop sucré – de boire leur café avec beaucoup de lait, beaucoup de sucre. Dans les grandes enseignes c'est ce type de café qui marche le plus : le goût originel du café est loin, or c'est celui-là qui m'intéresse. Il faut préserver le goût originel de la plante.

Comme pour les fèves de chocolat, on va sélectionner les meilleurs cafés, trouver les plus beaux terroirs comme à la Réunion, la ferme Guibert Boulanger ou au Panama, au pied du volcan, la ferme Mil Cumbres.

En 1975, j'ai dix-neuf ans et je suis commis glacier chez Lenôtre. Le chef glacier s'appelle Nadler. Je me souviens encore du goût de sa glace à la vanille et de tout ce qu'on apprenait. Mais en créant la manufacture de glace, je cherche un autre goût pour cette glace à la vanille. Je veux qu'elle soit unique et encore meilleure que celle qu'on apprenait à faire.

La manufacture de chocolat a Quentin comme maître, celle de café a Véda et celle des glaces née en 2021 a Mattéo. C'est à Bologne que je le rencontre. C'est un jeune garçon, démonstrateur pour la plus belle marque de sorbetière et de machines à glace Cattabriga. Nous discutons et je l'engage aussitôt. Il arrive à Paris plusieurs mois avant l'ouverture de la boutique avec un sac de recettes déjà écrites et testées. Mon chef pâtissier Jean-Marie le prévient : « Je connais Alain Ducasse, si tu arrives avec toutes tes recettes, ça ne va pas le faire, il va tout mettre à la poubelle. Ce qui l'intéresse c'est ton expertise, ta maîtrise technique, ton professionnalisme, la façon dont tu te sers de la machine, vous allez inventer ensemble de nouvelles recettes, faire ce qui n'existe pas encore. » Il avait raison. Ce qui est connu et déjà fait ne m'intéresse pas. Je savais ce que je voulais trouver, le goût qui m'intéresse. Je connais la glace au café que je cherche avec quelles aspérités, quel degré d'amertume.

Je crois que Mattéo était un peu perdu au départ mais il est resté, il a rangé son sac de recettes et on a fait des glaces extraordinaires, en cherchant, en goûtant. Toute ma vie c'est goûter, y compris ce qui n'est pas bon. Et chercher des goûts différents, amers, étranges, qu'il y ait des accidents et que l'amateur curieux se dise : « Tiens, je ne connais pas et ça m'intrigue. » C'est comme ça que les mémoires sont bouleversées et qu'on laisse une trace.

Pour la manufacture de glaces, il n'y a pas de vieilles machines comme pour le chocolat ou le café : il y a en revanche des machines traditionnelles qui font la glace comme on la faisait il y a cent ans. On sort toujours la glace à la main avec une pelle. Et tout ce travail, ces recherches, les produits choisis, l'art de Mattéo, ces gestes, cette main permettent de fabriquer des glaces et sorbets uniques. Voilà ce qui m'intéresse pour chaque manufacture.

En 2022, on a fait plusieurs choix majeurs pour les manufactures et ils se résument en quelques mots et une seule idée : continuer, grandir, ouvrir de nouvelles boutiques, imaginer une nouvelle manufacture, et un lieu qui les réunirait toutes, ne pas se contenter de ce que l'on a.

Souvent on me demande si je veux continuer à ouvrir de nouvelles boutiques. Et je réponds oui, bien sûr. C'est un peu provocateur : je sais le travail que demande chaque ouverture, chaque boutique, le soin qu'il faut mettre pour délivrer ce que nous voulons avec l'exigence que nous avons. Mais c'est le sens de ces manufactures : elles se questionnent les unes les autres, se nourrissent les unes et les autres, se complètent.

C'est ainsi qu'est né en 2022 le Salon des manufactures, rue des Petits-Champs à Paris, au-dessus d'une boutique de chocolat, un restaurant où le chef accorde des mets et des glaces. On y a concentré tout ce que l'on fait déjà, avec la dégustation de café, de chocolat et bientôt de sablés et biscuits fins. C'est l'autre grande réalisation de cette année 2022 : après la manufacture de chocolat, de café, de glace, nous ouvrons une manufacture de biscuits. Elle sera conduite par Flora qui était ma pâtissière à Londres et à Hong Kong et qui a rejoint Mattéo aux glaces l'été dernier. Elle va devenir notre Madame Biscuit sous l'œil attentif de Pascal Ferraud et Arnaud. Là aussi il fallait partir de presque rien et inventer : trouver un lieu, l'habiter, qu'il incarne une manufacture de biscuit, et une personne pour porter cette histoire et nos intentions. C'était nouveau et quand on fait quelque chose de nouveau on n'est jamais sûr de ce qu'on va éprouver en poussant la porte la première fois et on n'est jamais sûr d'y arriver.

L'idée c'était de faire des sablés, des biscuits incomparables, des biscuits que personne n'aurait encore mangés et qu'ils deviennent des références : le meilleur biscuit à la pistache, au café, à la vanille, au chocolat, à l'amande, au citron…

Je broyais déjà les amandes en 1975 chez Lenôtre. Et dans mes stocks j'avais une vieille machine que j'ai fait restaurer : une broyeuse à amandes avec la possibilité d'une granulométrie unique : on règle comme on veut. Quand j'ai discuté avec Flora, j'avais en tête un sablé très simple, juste délicieux avec une pointe de sel, un sablé qui comme les palets d'or de Bernachon doit évoluer, maturer jour après jour. On ne l'avait pas encore élaboré et je ne l'avais jamais goûté, mais je voulais qu'on tende vers ça et qu'on le trouve. Et nous l'avons trouvé.

La magie c'est que nous ne savons jamais à l'avance si on va y arriver et c'est tout ce qui me plaît : cette incertitude, la tension, le travail, les heures à goûter et à s'interroger, et le moment où l'on sait : tout tombe juste. Et alors chaque jour on va essayer d'être meilleurs, d'affiner encore davantage le goût.

Ce n'est pas la garantie de plaire, d'être compris qui nous guide, mais ça nous donne du souffle pour continuer à créer. Pour imaginer des chocolats spécialement conçus pour l'Orient, pour imaginer une boutique de chocolat en Suisse, dans la patrie de Lindt, pour rêver d'une manufacture de pâtes à partir d'une vieille machine trouvée en Sicile et restaurée pièce après pièce pendant des mois sans savoir si elle pourra redémarrer un jour…

La Maison du peuple

Quand je n'aurai plus d'appétit, quand je n'aurai plus de réponses, plus d'envies, quand je cesserai d'être curieux, toujours ailleurs, déjà ailleurs, il faudra que j'arrête. Je me le répète souvent et je le répète aussi souvent. Une vie est faite de cycles, de conquêtes, de réalisations, de grands projets, d'échecs, de départs, de chemins nouveaux et je me prépare, j'essaie d'anticiper tous les changements, de me demander chaque jour : que veux-tu à présent ?

J'ai su que je voulais devenir cuisinier, que je voulais être le meilleur, que je voulais obtenir trois étoiles et puis encore d'autres étoiles, que je voulais me lancer des défis, ne pas rester ancré à mes Landes, à Monaco, à Paris, à la France, mais voyager, voir le monde, goûter le monde.

J'ai su que je voulais proposer un goût, un trait propre à tout ce qui nourrit.

J'ai su que je voulais bâtir un groupe qui ose, qui réunit des lieux en apparence contradictoires alors qu'ils se répondent et se complètent : entre le faste de Versailles et le réfectoire de Sapid, il y a, semble-t-il, un écart immense, des histoires irréconciliables et pourtant tout est lié, la terre les unit comme nos intentions, nourrir, s'inscrire dans les mémoires, proposer une interprétation. C'est un groupe que nous avons bâti avec générosité, sincérité et chaque personne qui travaille avec nous m'importe. J'ai conscience de ma responsabilité : qu'il m'appartient de réfléchir à l'avenir, au groupe que je laisserai, à cette entreprise que nous voulons pérenne, engagée, en constante évolution pour être au plus près de notre époque, de ses besoins, de ses enjeux. Je n'ai jamais eu de plan, de stratégie, je n'ai jamais vraiment fait d'études de marché, j'ai voulu entreprendre, être ouvert, oser, répondre à mes intuitions. Nous avons réussi davantage que nous avons échoué mais c'est un travail, une attention de chaque jour. Je saurai aussi quand sera venu le moment de laisser cette entreprise à d'autres mains, quand j'occuperai une autre place. L'important est de préserver de façon juste, sincère les savoir-faire que nous avons développés et que chaque personne qui travaille avec nous ait conscience de cette histoire, de nos engagements. Chaque collaborateur est une ressource rare. Mais il ne faut pas non plus que nous nous figions dans le respect de ce qui a été fait : il faudra continuer à prendre des risques, développer de nouveaux savoir-faire, réussir, perdre, évoluer, penser l'avenir.

J'ai su que je voulais m'attacher à des lieux forts, emblématiques, au Louis XV à Monaco, à la Bastide à Moustiers, au pied de la tour Eiffel sur le bateau *Ducasse sur Seine*, et j'ai su quand, au contraire, il me fallait me détacher de lieux où j'ai été si heureux mais où je l'étais moins, comme le Plaza Athénée la dernière année.

J'ai su quand il me fallait prendre du recul par rapport à mon métier initial, ne plus prétendre « faire » la cuisine, poser en veste blanche, mais mettre en avant les jeunes, les grands chefs de demain.

Et j'ai su en découvrant la Maison du peuple à Clichy que ce lieu exceptionnel allait devenir une obsession, mon prochain rêve, mon prochain combat.

Chaque jour je prends des décisions pour moi et pour celles et ceux avec qui je travaille. Chaque jour j'interroge mon métier, nos métiers et notre gastronomie : la place qu'elle occupe, les directions qu'elle semble prendre, ce qui me réjouit et ce qui m'effraie. Je ne suis pas un homme qui conjugue au passé, je n'ai pas beaucoup de mélancolie et encore moins de nostalgie et je ne regarde pas souvent en arrière : évoquer ce qui a précédé dans les pages de ce livre, c'est un moyen supplémentaire de me projeter et d'interroger notre présent comme notre avenir.

Comment voulons-nous nous nourrir ?

Comment nourrir mon contemporain ?

Que voulons-nous proposer dans nos restaurants ?

Qu'est-ce qu'un déjeuner, un dîner représente encore ?

Quelle place occupe la gastronomie française ?

Quelle est ma place, mon rôle ?

Les réponses sont aussi ouvertes que fluctuantes au gré d'une intuition, d'une rencontre, d'une découverte, d'un voyage, d'un projet. Mais il y a aussi pour moi des évidences ou des chemins plus sûrs que d'autres.

Nous avons traversé la crise du covid. Elle n'imposait pas de grandes décisions : il fallait tenir au jour le jour, s'adapter, rester à l'écoute, apaiser, amener de la sérénité dans un temps incertain et chaotique. J'ai essayé de travailler comme je travaille depuis toujours : avoir le moins de rendez-vous possible pour me permettre de m'adapter, de faire face à l'imprévu, que rien ne soit bloqué, empêché ; être agile, être curieux et savoir décider chaque matin pour avancer. Dans ces temps incertains, il fallait être certain de devoir continuer.

C'est pendant cette période imprévisible et tendue que j'ai visité pour la première fois la Maison du peuple, ce bâtiment construit à la fin des années 30 par le Parti communiste à Clichy-la-Garenne. Il a été construit et pensé par les architectes Beaudouin, Lods et par les ateliers de Jean Prouvé. C'est un bâtiment magnifique, un chef-d'œuvre, un trésor architectural, qui associe le métal et le verre. Il y a de tels jeux de lumière quand on le découvre la première fois : elle pénètre partout, elle offre des contrastes, crée de la profondeur. Et puis dans le cœur du bâtiment il y a ces gigantesques cloisons mobiles, un plancher mobile, un toit qui s'ouvre. Il a été classé monument historique en 1983 par Jack Lang alors ministre de la Culture, mais depuis des années il est parfaitement à l'abandon : c'est le royaume des pigeons depuis sa quasi-fermeture à partir de 1993 (le rez-de-chaussée ayant accueilli un marché jusqu'en février 2022). Pourtant quand on le découvre, on sent la vie qui a animé un tel lieu : le marché en bas, les salles de fête, de cinéma, les bureaux syndicaux.

Je suis tombé amoureux de ce lieu. Et j'ai tout de suite imaginé comment on pouvait s'inscrire dans ce lieu, le respecter vraiment, respecter son histoire, faire dialoguer son aspect industriel avec l'univers de nos manufactures. C'est là, dans ce bâtiment mécanique, que je voudrais rassembler nos machines, historiques elles aussi, produire et penser la cuisine, et la célébrer. Celle d'aujourd'hui et encore plus celle de demain.

Je tiens toujours à respecter l'histoire des lieux, leur fonction originelle, à ne pas toucher à l'histoire. C'est dans cet esprit que j'aurais été architecte si je n'avais pas été cuisinier. On veut, avec Patrick Jouin et Sanjit Manku, préserver le mécano extraordinaire de ce bâtiment et restaurer le clos couvert. On pourra acheter les nourritures, manger au restaurant et il y aura des unités de production, toutes les manufactures, des bureaux, avec l'idée de mélanger les cols bleus et les cols blancs dans un même espace…

Et puis j'ai un rêve pour cette Maison du peuple qui a accueilli toute la diversité, toute la création, qui était si ouverte : qu'elle invite le monde, qu'un cuisinier puisse y être accueilli en résidence, qu'il puisse créer, s'imprégner de ce que l'on fait et éditer sa cuisine avec à sa disposition les meilleurs instruments, tous les fours, tous les ustensiles culinaires du monde. Que cette maison du peuple rassemble en quelque sorte la mémoire de nos métiers et qu'elle soit aussi tournée vers le monde et l'avenir, permettant à nos chefs comme à ceux accueillis de travailler différemment, de s'influencer, de penser la cuisine de demain.

Il y aura des ponts avec tout ce qu'on fait déjà : avec les manufactures, avec nos restaurants en France et dans le monde, avec l'École Ducasse où le chef en résidence pourrait donner des cours, avec la Naturalité puisque la maison deviendrait un centre culinaire mondial tourné vers le végétal mais pas seulement, aussi vers une cuisine durable, responsable, respectueuse de la planète et des hommes. Les chefs et restaurateurs du monde entier doivent adopter des pratiques durables dans leurs cuisines. À la Maison du peuple, comme lors d'un sommet sur l'avenir de l'alimentation que nous aimerions organiser en 2023 à Monaco, nous pourrons réfléchir aux évolutions de la gastronomie et à cette cuisine durable, responsable et humaniste que nous appelons de nos vœux.

J'ai le rêve de tout rassembler là, et qu'il y règne une énergie, une créativité, une émulation extraordinaire.

Dès que j'ai découvert ce bâtiment j'ai eu envie qu'on puisse le rénover et l'investir, et comme pour tout ce que j'entreprends j'ai eu envie que ça aille vite, le plus vite possible : c'est un chantier d'au moins dix-huit mois si tout se passe comme prévu. J'ai une conviction : les choses qui traînent ne se font jamais. Une conviction que j'ai peut-être tirée de tous mes chantiers, de tous mes projets, du fil de la vie ou peut-être de cette lecture que je fais souvent : *L'Art de la guerre*. Cet art-là, c'est attendre le bon moment, s'adapter, anticiper, prévoir le pire, rebondir, trouver la solution, avoir toujours deux solutions à un problème donné. Ce livre m'a guidé ces dernières années : il va continuer à me guider dans ce chantier et ce rêve de la Maison du peuple, contre les obstacles, les critiques, les mauvaises surprises, les oppositions, les défections, tout ce qui arrive lorsqu'en somme, on décide d'entreprendre plutôt que ne rien faire.

On a souvent dit que j'aimais la guerre, que j'aimais les combats et les affrontements et rien n'est moins vrai. Je déteste ça. Mais je sais que parfois il y a des batailles et des querelles utiles, que lorsqu'elles se présentent, il faut savoir combattre, l'emporter ou changer. On doit mener un combat par jour : c'est la seule clé pour arriver à tenir nos engagements, pour être à la hauteur de nos ambitions et de nos valeurs.

Ces derniers mois, le sens de ce que j'ai entrepris, de mes mots, de mes rencontres, ce fut aussi souvent d'essayer de réfléchir à ce que pouvait être la gastronomie française, à sa place, à la façon dont restaurateurs, artisans, producteurs pourraient se regrouper, s'unir, s'entraider.

En 2011, avec Joël Robuchon et Paul Bocuse nous avons dans cet esprit créé le Collège Culinaire de France. Nous voulions combler le clivage entre les grands chefs et les autres restaurateurs et créer une vraie communauté d'artisans, cuisiniers, éleveurs, pêcheurs, vignerons, une communauté qui ait du sens, qui fasse se rencontrer les femmes et les hommes de ces professions, s'enrichir, qui permette des liens de convivialité et de commensalité uniques. Aujourd'hui ce collectif réunit plus de 2 000 « restaurants de qualité » et plus de 1 000 « producteurs artisans de qualité ». Le collectif est un succès et ses actions nombreuses : bientôt un collège culinaire au Japon sera créé sur le même modèle. Mais ce collectif ne peut pas tout et certainement pas pallier à lui seul la fragilité de nos professions et le manque d'une vraie communauté, d'une vraie fédération. Les mois que nous venons de vivre ont accentué les risques et les fragilités : il nous faut faire ensemble. Et pour l'instant cette instance, cette fédération idéale n'existe pas.

Avec le ministère des Affaires étrangères nous avions créé en 2015 l'opération Goût de France – Good France. À travers le monde, il s'agissait de faire découvrir le repas gastronomique des Français, de célébrer la gastronomie française par des dîners, des ateliers, de mettre en valeur le travail des restaurateurs et des producteurs. Il y a eu six éditions avant l'arrêt de cette initiative et pourtant plus que jamais la gastronomie française doit être conquérante, riche d'innovations, de célébrations, ouverte sur le monde, réceptive et unie.

La cuisine française est un atout de rayonnement et d'attractivité majeur pour la France. Mais nous manquons d'un instrument de promotion fort, nous manquons d'unité, d'échanges au sein d'un institut ou d'une fédération. C'est tout l'enjeu de ces prochaines années.

La gastronomie c'est la France, et pour être à la hauteur de notre histoire et de nos savoirs, pour que la gastronomie française continue à rayonner, que cet art de l'hospitalité, de la table, cet art de vivre continue à vivre, il ne faut pas figer la gastronomie française et la place des chefs. Une vision rétrograde, passéiste de notre gastronomie me fait peur : elle promeut un repli sur des traditions, des gestes, des plats au détriment de toute innovation, de tout mélange. Elle ne célèbre que l'idée d'un chef dans sa cuisine, toujours à la même place, y faisant une seule carrière, autour de quelques plats traditionnels parfaitement exécutés. C'est l'expérience de quelques-uns mais ça ne peut pas être un modèle unique. Aujourd'hui des chefs peuvent avoir d'autres ambitions, d'autres envies, d'autres curiosités.

Je choisirai toujours l'expérimentation, l'audace à la perpétuation des classiques, des traditions.

Je voudrai toujours marquer, interroger celui qui goûte : ce qui semble évident, neutre, ne m'intéresse pas.

Je sais que cela représente un risque de rupture et d'incompréhension mais je veux prendre ce risque : pas parce que je n'ai rien à perdre ou parce que les critiques m'indiffèrent, mais parce que j'ai toujours agi ainsi : prendre des risques, être seul sur un chemin, tracer même ce chemin, et parfois me tromper ou devoir répondre aux critiques, expliquer, proposer encore.

L'expérience ADMO fut une prise de risque.

Sur la terrasse du restaurant les Ombres, au musée du Quai Branly dessiné par Jean Nouvel, pendant cent jours nous avons proposé une cuisine d'exception, un dialogue, une osmose de deux expériences culinaires fortes : la nôtre avec Romain Meder et celle du chef espagnol Albert Adrià. Et les desserts de Jessica Préalpato. Il y avait là un défi : que cette cuisine fasse sens, qu'elle s'ancre dans nos préoccupations, qu'elle reprenne les clés de la Naturalité et l'engagement créatif d'Adrià, qu'elle compose une partition unique, déroutante, jamais goûtée. Bien sûr c'était radical et fou et jamais les critiques ou le silence n'ont été aussi forts.

En cuisinant nous nourrissons notre contemporain, mais nous lui posons aussi des questions sur notre époque, sur notre façon de vivre, d'occuper la terre, de penser, de nous engager.

ADMO c'était une proposition audacieuse, provocante peut-être. C'était la volonté de bousculer une gastronomie française qui ces derniers temps, comme en politique, tend à se replier sur elle-même, à refuser l'innovation, l'étranger, les mélanges et à s'arc-bouter sur de prétendues valeurs originelles, des plats historiques qu'il ne faudrait pas questionner ou même qu'il faudrait faire revivre. C'est à l'opposé de ce que je suis et de ce que je veux proposer.

Je crois au contraire que c'est en accueillant les chefs étrangers, en bousculant nos plats, nos tables, nos cuisines que la gastronomie française peut maintenir sa place, son rayonnement, son attractivité, qu'elle peut s'adresser au monde.

J'essaie de répondre à toutes les critiques, d'expliquer l'expérimentation, nos partis pris, nos choix, notre histoire. C'est dans ce sens-là qu'on photographie et qu'on archive l'expérience d'ADMO : les hommes, les lieux, les recettes. Pour qu'ils deviennent une référence et que l'émulation règne, que cela devienne un exemple pour toute une génération de cuisiniers qui veulent oser, trancher, s'éloigner de ce qui est rassurant et commun. Et je suis optimiste : je sais que cette génération existe, qu'elle est là, qu'elle ne demande qu'à pouvoir faire et à être écoutée et c'est à elle que je pense désormais. À elle et à la façon de la mettre en avant, de l'honorer et de la pousser.

J'ai appartenu aussi à une génération de cuisiniers qui voulaient bousculer les codes d'une cuisine trop codifiée. J'ai vu les maîtres de la Nouvelle Cuisine révolutionner leur art, apporter leur personnalité, leur âme et tout un métier changer. C'était une évolution nécessaire et tranquille. Mais la génération qui vient, celle des trentenaires, que je vois grandir et se former et proposer, a, me semble-t-il, encore plus de personnalité et ce qu'ils proposent est davantage une rupture, une révolution. C'est pour cela qu'il me tient tellement à cœur d'être là pour eux. Je voudrais par exemple que l'on puisse éditer leur cuisine : qu'un livre fasse leur portrait et décrive leurs engagements, leurs recettes, leur façon de créer. Et j'aimerais que la première cheffe publiée dans cette collection soit Marie-Victorine Manoa qui travaille aux Lyonnais et qui m'impressionne à chaque fois par son audace et ses partis pris. Et il y aurait aussi un livre sur Amaury Bouhours, qui est chef au Meurice… Trente livres pour les trente chefs d'aujourd'hui et de demain.

J'ai le sentiment que pour tous ces jeunes chefs, c'est plus dur aujourd'hui qu'hier, alors que paradoxalement, on n'a jamais autant parlé de cuisine, de gastronomie. Mais ils doivent faire face à un client nouveau : zappeur, surinformé, sursollicité, infidèle, surnourri, surstressé. Comment l'étonner encore et comment le retenir, le marquer ? Cela demande plus de créativité et d'engagement encore. Et puis ces jeunes doivent se faire connaître et faire connaître leur cuisine et aujourd'hui, une des références quasi uniques, c'est la télévision et les émissions de divertissement liées à la cuisine. Elles répondent à une attente et c'est très bien mais comment peuvent-elles être l'unique moyen d'exister ?

Ainsi, ce qui m'inquiète ce n'est pas que ces émissions existent, c'est la baisse de tous les autres outils, de tous les autres moyens de communication qui servaient la cuisine, les chefs et permettaient de penser la gastronomie. La télévision, les critiques, les guides, les étoiles passent aujourd'hui à côté de nombreux talents et j'ai aussi le sentiment qu'ils prennent leur temps, un temps beaucoup trop long, pour les récompenser. Quand je lis par exemple « maison un peu jeune », je me dis que c'est précisément cette jeunesse qu'il faut récompenser et saluer.

Cela demande un temps de bienveillance, de curiosité, de travail, d'attention.

Et cela me semble d'autant plus crucial que cette génération construit l'avenir et la place de la gastronomie française : pour s'élever, créer, interroger le monde, il lui faut des critiques qui racontent son histoire, qui inscrivent leurs plats et leur démarche dans une histoire et qui soient capables de la comprendre. Il faut offrir à ces jeunes chefs des lieux, des moyens d'expression, de créativité, une représentation, des échanges.

À la tête des cuisines de mes restaurants il n'y a plus que des jeunes mais cela ne suffit pas : il faut que ces chefs puissent se nourrir les uns les autres, s'inspirer, voyager, garder l'esprit curieux, ouvert, se questionner, être récompensés, pour avoir plus de temps, de force encore, d'élan. La Maison du peuple je la conçois aussi dans cet esprit : un lieu d'accueil pour cette jeunesse et ce monde, un lieu de création, un lieu d'échanges.

Et un lieu où tous peuvent lire des histoires de la gastronomie. Il me semble que c'est ce qui nous manque le plus : d'un côté, des références, des archives, la compréhension des gestes, et de l'autre, une célébration de la créativité, de l'expérimentation, du geste unique, de la première fois.

Nos guides ne doivent pas être trop attentistes et les critiques ne doivent pas perdre leur curiosité, leur bienveillance. Peut-être faudra-t-il toujours se battre pour expliquer, raconter, s'imposer. Peut-être les clients sont-ils davantage rassurés par un « Vu à la télé » que par le CV d'un jeune chef qui est passé par les meilleures cuisines et qui a fait le choix d'une adresse qui lui ressemble et qui a même fait le choix de se passer des récompenses, des étoiles, pour être le plus libre possible ? J'ai confiance : cela vaut la peine de se battre pour ce jeune, pour la création, pour la liberté, pour raconter encore et encore une histoire de goûts et de passions.

Nous sommes des artisans, des interprètes. Chaque chose que nous entreprenons : ouvrir un nouveau restaurant, ouvrir une nouvelle manufacture, demande d'accepter le danger : nous sommes sur un fil et tout est fragile. Rien n'est donné. Mais c'est peut-être ce qu'il y a de plus beau : cette part d'incertitude, ce risque, cette solitude. Cela rend modeste et cela offre des leçons de vie précieuses. Il faut faire et apprendre. Il faut se montrer tenace, comme lorsque j'ai visité cent vingt lieux avant de découvrir l'atelier de la rue de la Roquette pour l'ouverture de la manufacture de chocolat et choisir en cinq minutes que ce serait le bon endroit. Il faut être un peu inconscient. Et passionné. Rien ne me plaît davantage que de connaître ce que je ne connaissais pas, voir ce que je n'avais pas vu, goûter ce que je n'avais pas encore goûté. Rien ne me plaît davantage que de rencontrer à travers le monde des femmes et des hommes passionnés, de visiter les marchés, de goûter la cuisine des chefs et celle de la rue. Et parfois de retrouver ma maison au bord de l'océan, de vivre dans le silence et la solitude avec mes livres et l'horizon, avant de repartir pour de nouvelles aventures, de voyager encore, de goûter encore et toujours.

Remerciements

Ce livre existe parce que j'ai eu la chance de rencontrer et de travailler avec des collaborateurs aussi passionnants que riches de leur diversité. Je veux les remercier ici de leur soutien indéfectible et remercier les plus jeunes qui viennent nous enrichir, forts de leurs horizons nouveaux, de leurs préoccupations, de leur travail.

Franck Cerutti, mon plus précieux et ancien collaborateur, Gabrielle Aguilo, Xavier Alberti, Mohamed Ali,

Luca Allegri, Natalino Ambra, Laurent André, Fabrice Andre Laslo Rosso, Olivier Antonioli, Johnny Aquino, Anais Arbadji, Aruka Atsuji, Eric Azoug, Anthony Bacle, Nicolas Bailet, Noël Bajor, Daniele Baldo, Jacques Bally, Cédric Barbarat, Pascal Bardet, Julie Bares-Bonneau, Stéphanie Barral, David Belin, Hafid Benkhouman, Jean-Philippe Berens, Nicolas Berger, Olivier Berger, Francesco Bernardinelli, Emmanuel Beuvelet, Olivier Bikao, Adonis Bioud, Sarah Blanc, Thierry Blanc, Jean-Philippe Blondet, Mathieu Bloyet, Xavier Boireau, Margaux Boisseau, Eric Bonneau, Marc Bonnieu, Albert Boronat I Miro, Jean-Philippe Borro, Clémentine Bouchon, Ahmed Bouhizeb, Amaury Bouhours, Moshen Bourguiba, Bruno Brangea, Jose Bravo, Caroline Briens, Charlotte Bringant, Alexandre Brochard, Jemmy Brouet, Anais Caietta,

Bruno Caironi, Jean-François Camarty, Florence Cane, Agathe Canivet, Nicola Canuti, Yann Capsie, Nadège Marini Carrière, Jean-François Casanova, Matteo Casone, Sarah Chailan, Marc Chalopin, Thomas Chambraud, Mohamed Chamour, Aurore Charoy, Christopher Charraudeau, Nicolas Chatenier, Jérémy Cheminade, Thomas Christoux, Christophe Clarigo, Elodie Collombet, Dimitri Coly, Romain Corbière, Francis Corniot, Marine Cossard, Damien Couliou, Francis Coulon, Denis Courtiade, Arnaud Coutret, Patrick Crochet, Alex Cufley, Hélène Darroze, Bruno Davaillon, Flora Davies, Bénédicte de Bary, Adrien de Crignis, Luc Debove, Alban Del Monte, Christian Delouvrier, Hélène Denaiffe, Lisa Denis, Anthony Denon, Charlotte Dequeker, François Deshayes, Christophe Devoille, Caroline Dhjan, Niran Diblasio, Mireille Djob, Madeleine Dubois,

Céline Dubourdieu, Stéphane Duchiron, Thierry Dufroux, Arnaud Duhem, Julien Dumas, Arnaud Dutertre, Didier Elena, Tony Esnault, Sylvain Etievant, Fabienne Eymard, Francis Fauvel, Manon Fays, Olivier Fellous, Pascal Feraud, Louis Gabriel Fichet, Fabio Fioravanti, Jean Paul Fontan, Lucas Foudinier, Kiyoko Fujisawa, Didier Fulconis, Pierre Gaborit, Quentin Gaigneux, Fabrice Gallis, Robert Gamba, Pierre-Charles Gandilhon, Frédéric Garnier, Thomas Gauthier, Thomas Gerard, Hugues Gerard, Georges-Marie Gérini, François-Xavier Germain, Philippe Gollino, Philippe Gomez, Guillaume Gomez, Stéphane Gortina, Antoine Gournac Poli, Laurent Gras, Frédérick Grasser Hermé, Yanis Greerinck, Alexandre Gregoire, Cedric Grolet, Alice Grossi, Wiliam Groult, Alessandro Guardiani, Gianni Guatieri, Sébastien Guenard,

Olivier Guenot, Mark Guillain Williams, Matthias Hahn, Delphine Heraud, Jocelyn Herland, Fanny Herpin, Jean-Marie Hiblot, Wilfrid Hocquet, Caroline Jacquelin, Arnaud Jahn, Emmanuel Jirou Najou, Kelly Jolivet, Julien Jouhannaud, Patrick Jouin, Christian Julliard, Laurent Kalkotour, Akihiko Kamioka, Guillaume Katola, Julien Kientzler, Takashi Kitahira, Kei Kojima, Shujiro Kono, Tanaka Kota, Louis Kothe, Jérôme Lacressonniere, Patrick Laine, Michel Lang, Frédéric Larquemin, Christophe Larrat, Véronique Lartigue, Julien Lasseaux, Christian Laval, Diane Le Pennec, Sonja Lee, Alexandra Legrand, Marion Lemarchand, Loïc Leplat, Damien Leroux, Gwendal Leruyet, Marc Loiseau, Matteo Lorenzini, Dominique Lory, Alessandro Lucassino, Vincent Lung, Dorian Lutselschwab, Maxime Luvara, Marcello Mabilia, Farah Madi,

Jean Mahu, Vincent Maillard, Sanjit Manku, Marie-Victorine Manoa, Sara Maranzana, Philippe Marc, Alberto Marcolongo, Gérard Margeon, Céline Martin, Christophe Martin, Rui Martins, Pierre Marty, Alexandre Masselin, Jérémy Masson, Elise Masurel, Josiane Mathias, Jacques Maximin, Maxime Maze, Romain Meder, Marvic Medina, Julian Mercier, Eric Mercier, Christophe Michalak, Sandro Micheli, Julien Moreno, Christophe Moret, Alexandre Mousset, Mario Muratore, Angelo Musa, Yoshinori Nagata, Axel Nail, Paule Neyrat, Isabelle Nicolino, Takahiro Noguchi, Jean-Louis Nomicos, Lyonel Nowitz, Douglas Oberson, Patrick Ogheard, Mandy Pan, Massimo Pasquarelli, Maxime Pastor, Benoit Peeters, Georges Pelissier, Robbie Pepin, Emmanuelle Perrier, Antoine Petrus, Jean-François Piège, Nicolas Pierantoni, Emmanuel Pilon,

Aymeric Pinard, Martin Pitarque, Giovanni Pitton, Laurent Plantier, Sylvain Portay, Dominique Potier, Carole Pourchet, Jessica Prealpato, Stéphane Prévidi, Franck Profumo, Aymeric Prudhomme, Vincent Puma, Christophe Quantin, Gwenn Raoult, Christophe Raoux, David Rathgeber, Sébastien Rebaudo, Cécile Rebbot, Christian Regouby, Frédéric Rivierre, Adeline Robert, Frédéric Robert, Miguel Rodriguez, Frédéric Roemer, Jean-Eric Roine, Pierre Stefan Romano, Vito et Michelle Roméo, Michel Roth, Laëtitia Rouabah, Xavier Rouland, Jean-Pierre Rous, Sébastien Rouseau, Nadège Roy, Julie Ruel, Alizée Sagnes, Christophe Saintagne, Eric Santalucia, Cédric Satabin, Dominique Saugnac, Romane Sauvetre, Pierre Schaedelin, Jeremy Schotte, Cheongyan See, Rocco Seminara, Alexandre Sempere, Hisanobu Shigeta, Caroline Siri, Habib Soilihi,

Alain Soloveres, Claire Sonnet, Alain Soulard, Alain Souliac, Reiko Speciale, Yannis Stanisiere, Pierre Tachon, Michael Tan, Mari Tanaka, Katrina Tayo, Laetitia Teil, David, Teillet, Frédéric Thevenet, Silvia Tola, Sonja Toulouse, Carine Trividic, Célia Tunc, Geoffrey Turpin, Gwenaël Van-Acker, Tjaco Van Eijken, Frédéric Vardon, Viraswami Veda, Gabriel Veissaire, Nicolas Vernier, Jean-Paul Veziano, Quentin Vicas, Sophie Vincent, Eric Vincent, Karine Wigno, Chantal Wittman, Benoit Witz, Ugo Wolff, Kohei Yamamoto, Jean-Philippe Zahm, Stéphanie Zara Morin, Pierre Zerouali, Norbert Zvaleni.

CET OUVRAGE A ÉTÉ COMPOSÉ PAR PCA
ET ACHEVÉ D'IMPRIMER SUR ROTO-PAGE
PAR L'IMPRIMERIE FLOCH À MAYENNE
POUR LE COMPTE DES ÉDITIONS J.-C. LATTÈS
17, RUE JACOB, 75006 PARIS
EN SEPTEMBRE 2022

JC Lattès s'engage pour l'environnement en réduisant l'empreinte carbone de ses livres. Celle de cet exemplaire est de :
500 g éq. CO_2
Rendez-vous sur www.jclattes-durable.fr

PAPIER À BASE DE FIBRES CERTIFIÉES

N° d'édition : 01 – N° d'impression : 101180
Dépôt légal : octobre 2022
Imprimé en France